散戶的機會

個人也能打敗市場！看看世界級投資人
怎麼賺到第一桶金，助你找到自己的獲利模式。

SUPER INVESTORS

LESSONS FROM THE GREATEST INVESTORS IN HISTORY

經濟史博士、英國財經雜誌 *MoneyWeek* 專欄作家
馬修・帕崔吉 Matthew Partridge 著 吳書榆 譯

獻給我了不起的雙親——柏娜德（Bernadette）和湯尼（Tony），
感謝他們多年來的支持。

Contents

推薦序一

學習大師智慧，善用散戶優勢

「99啪的財經筆記」版主／99啪

本書《散戶的機會》，可以當散戶的投資指南，對於想獲得超額報酬的投資人，更是很好的入門參考。

為什麼這麼說？因為作者在書中為大家精選出過去二十位最具代表性的投資大師，諸如李佛摩（第一章）、索羅斯（第三章）、葛拉漢（第五章）、巴菲特（第六章）、費雪（第九章）、彼得．林區（第十一章）等，逐一側寫他們的投資生涯、績效表現、投資策略及重要事蹟。期間長達兩百年，內含各種風格學派、主動或被動投資等，可以讓讀者在短時間內，對於這些大師的投資策略及心法，有全面概括的認識。

此外，作者還深入探討這些大師投資成敗的關鍵因素，並且透過類似餐廳星級的評分方式，從「整體績效」、「投資生涯」、「影響力」及「複製方法難易程度」四個面向來評比，幫助讀者了解各種方法的優缺點、條件及限制等，進而選擇適合自己的投資方法。

其中，裡面有許多大師都有長期打敗大盤的紀錄，對於想獲得超額報酬的讀者，更能從中挑選有興趣的對象學習，並且更進一步的研究。

當然，這些大師多數都有散戶難以複製的條件，比如有著龐大的資金、豐沛的資源、廣大的人脈及特殊的影響力等，但相反的，**散戶其實也有許多他們所沒有的優勢**，諸如：

一、資金規模越大，投資的選擇就越少，但散戶沒有這種煩惱，可以把握更多小規模的投資機會。這也就是為什麼巴菲特曾說過，資金小是一個很大的結構性優勢。

二、基金經理人有持股比例限制，也要保持一定的投資水位，但散戶沒有這種限制，可以集中在少數優質標的，操作也更有彈性。

三、基金經理人常因為績效評比及客戶要求，被迫把心力放在短期表現。但散戶沒有這種壓力，可以把眼光放遠，專注更多長期的投資機會。

假如散戶懂得善用這些優勢，以我過去的觀察及經驗，確實也有機會打敗大盤，創造更好的報酬。

不過整體來說，裡面最容易複製的方法還是指數投資，這也是適合多數人的投資方法。但書中有個例子值得大家參考，那就是知名的學者薩謬爾森（第二十章），因為他是效率市場假說、被動投資的大力支持者，也因此拿到諾貝爾經濟學獎，更啟發柏格發行第一檔指數型基金，對指數投資有極大的貢獻。

表面上他只認同被動投資，但實際上，他本身也是主動投資的積極參與者，除了投入大宗商品避險基金、個股外，也是波克夏公司的長期股東，最後還獲得了驚人的報酬。

這例子給我們一些啟示，首先，理論跟實務是有差距的，學說也無法完全套用到真實世界，薩謬爾森在主動投資的成功，恰好呼應了這點。

再來，即使像薩謬爾森這種信奉被動投資的學者專家，其實也會想要打敗市場，甚至最後因此賺到了大錢。有這種想法都是人之常情，所以投資人不必被自身觀點局限了投資行為，保持開放的心態，才有機會創造更多的可能。

就好像某個故事，有位經濟學教授和他的學生一起散步，突然看見地上有一張百元鈔票，教授會說：「不必白費力氣，因為市場是有效率的，如果真的是張百元鈔票，早就不在這了。」但學生聽完後，仍默默彎下腰來撿起鈔票，因為把錢放進口袋裡比較重要。

所以，關鍵仍在於真實世界，大家會如何因應，要採取何種投資方法。但不管最後的選擇是什麼，本書都是合適的參考指南。透過本書，**學習大師智慧，善用散戶優勢**，相信讀者也有機會掌握獲利的關鍵，成為更優秀的投資人。

推薦序二

跨越近兩百年的投資大師巡禮

暢銷財經書作家／安納金

這一本書，橫跨了近兩百年的時間幅度，幫散戶們了做足了好幾年該做的功課！

作者馬修．帕崔吉（Matthew Partridge）是一位經驗豐富的財經作家，也是一位受過學術訓練的史學家，他自二〇一二年開始為《每週錢線》（*MoneyWeek*）雜誌撰寫專欄，側寫近兩百年來的許多位國際知名偉大投資者，檢視了他們的核心理念和投資哲學、策略、績效表現，以及一般投資人能從他們身上學到什麼。

此書為作者從上述專欄所研究過的偉大投資者當中，篩選出二十位最值得關注的傳奇投資人，稱之為「超級投資者」，引介給一般散戶投資人。然而，作者深知各個偉大投資者的操作週期長短截然不同，以及投資風格迥異，實際上是很難求取某個單一標準來比較，因此，他決定採取四項標準來評比，包括：整體績效、投資生涯長短、對於整體投資交易以及金融界的影響力，以及散戶投資人是否可以輕鬆的仿效他們。有趣的是，作者比照了飯店的評比制度，給予星星數的多寡，為每一位超級投資人做評價標準。

我認為，此書最有價值之處，在於作者經由長期追蹤檢視了各種不同類型的偉大投資者，以條理且系統化的客觀角度來評比他們。市場老手們都深知，即便在股市當中（暫且不談債券、外匯、房地產、能源及原物料等），就有區分價值型投資者、成長型投資者、短線交易者、中長期投資者、量化投資者等截然不同的屬性和類型，而往往基於個人的理念與過去自身的經驗，因而對某些投資方法具有相對偏好，難以不帶偏見的去看待有別於自己的其他投資者。我認為此書是市場上極少數能夠保持中立、客觀的評鑑各種不同類型投資者的一本好書！

許多的散戶投資人都曾經走過一段「撞牆期」，言下之意是學了某些方法之後，又接觸到另外一種截然不同的方法，結果發現彼此間是相互牴觸的。例如，當股災發生時，價值投資者持續買進，然而趨勢交易者卻持以反向放空，同樣一條走勢路徑卻有截然不同的下單決定，難免泛起「到底誰對？」的混亂思緒。我會說，都對，關鍵在於找到哪種操作模式適合你。首先你必須先釐清自己個性、仔細評估建立符合自身的投資哲學與理念，避免什麼都想學，結果什麼都學不好的窘境。好比宗教信仰，你不能試圖什麼神都拜，結果一事無成之後，卻怪罪都沒有神要眷顧你。

我們不應該試圖戴上別人的眼鏡去看行情，因為眼鏡度數很少有剛好適合自己。我們該做的，是透過客觀的評估、檢視各種不同成功典範之後，找出最適合自己的那一種。我衷心期盼每一位讀者和投資人，都能夠透過此書的協助，找到屬於自己的一套投資哲學，沒有最好，只有最適合！

願善良、紀律、智慧與你我同在！

推薦序三
向優秀的投資者學習

財經作家／市場先生

學習投資領域和學藝術很像，想要從投資中賺錢獲利且表現穩定，有很多不同的方法門派可以學習。其中最具代表性的投資大師，例如巴菲特、彼得・林區、費雪、索羅斯等知名的成功投資者，在他們管理資產的期間都創造了驚人的報酬，背後運用的方法也成為許多投資人模仿的對象。

這些方法真的學得來嗎？

本書中很有趣的是，作者對各個投資專家的評價中，有一項是「投資方法複製的難易度」，大多數分數都很低。我個人的觀點是，這些方法和績效都是難以複製的，能學習的唯有他們的想法和精神。

大多數的投資大師都擁有散戶們無法複製的條件：

一、他們資金部位龐大，但不是操作自己的錢，可是散戶只能操作自己的資金。畢竟錢多是創造好績效的基礎。

二、他們有充足的研究資源與資訊、有機會拜訪企業執行長。但散戶資訊來源相當有限，許多資訊甚至難以確認真假。

三、他們可以併購企業、成為大股東影響公司決策，執行一般人無法運用的資源。

四、他們可以買到一般投資人買不到的投資標的，例如私人企業併購、創投投資，實際上大多數人無法做到。

而事實上，許多投資專家並沒有把他們的操作方法，真正開誠布公的說出來，這也是造成投資學習困難的主因之一。

方法不能照套，那散戶應該學什麼？

但散戶跟專業投資人相比有許多優勢，最重要的理由就是資金小。資金小可以讓部位流動性更好、可以選擇規模相對小的標的，例如巴菲特就因為管理資產規模過於龐大，即使有小型的好公司，他也只能選擇忽略。另外散戶也沒有像基金經理人一樣的持股比例限制，比方說基金經理人一檔股票最多持有一〇％、空頭時不能全部脫手變現，必須保持一定持股比例等等。因為諸多限制，才有一句話說「如果你是市場，你就無法打敗市場」。

而**基金經理人的困境，正是一般投資人的優勢**。學習這些專業投資人的投資精神時，一定要思考這些精神如果換成散戶的條件來操作，方法是否依然可行，效果會是更好還是更差。

每個超級投資人的方法都有優缺點，你學哪一種？

許多人在學習投資時，往往只看到一、兩種方法，並且初期賺到錢，就持續使用。但成功方法不只一種，每種方法也有不同的限制和缺陷，沒有絕對的好壞。透過觀察這些專業投資人，我們可以了解到各種方法的優缺點，更客觀的考慮自己適合哪一種方法，不要限制在單一方法。

本書整理了全球操作績效良好的專業投資人，其中最大的價值在於把不同門派的方法一次涵蓋進來，並對每個專家的背景和操作理念都做了簡單的介紹。看完本書後應該做的事情是，找到兩到三種你喜歡的投資方法，並且更進一步去閱讀關於這些專家的書籍，相信能幫助你在學習投資的路上，省下更多摸索的時間。

推薦序四

下一個投資大師，是人還是機器？

「一個分析師的閱讀時間」版主／黃瑞祥

二〇一〇年至今將近十年，被動型投資快速崛起，相關的基金越賣越好，大規模排擠了主動型投資的空間。什麼是「被動型投資」呢？簡單的說，主動型投資就是基金經理人下投資決策，被動型投資就是程式下決策。那麼，為什麼被動型基金賣得這麼好呢？第一，被動型基金的成本低；第二，被動型基金的整體績效跟主動型基金差不多。

這情況不禁讓人想問：基金經理人是不是也將成明日黃花？

投資策略，就是別人行得通的，對我未必合用

若想成功投資，在我看來就是三個要素。策略、紀律、運氣。讓我們先從策略談起。

本書介紹的投資大師們，所採用的投資策略大致上可以分成四個方向：「順勢操作／短期

交易」、「逆勢操作／價值投資」、「成長型投資」與「創業投資」。

「順勢投資／短期投資」是指，股票只要持續漲我就買、持續跌我就賣。這類投資人相信的是，市場不但會充分反應所有資訊，甚至會過度反應、在短期內會有超漲超跌的情況；因此，跟著**「趨勢」**買就對了。這類投資人以喬治．索羅斯為代表。

「逆勢操作／價值投資」是指，要在低於股票合理價值時買進、高於合理價格時賣出。這類投資人相信的是，市場無法反應所有資訊，股票價格也時常偏離真實價值；因此，**「撿便宜」**買就對了。這類投資人以華倫．巴菲特為代表。

「成長型投資」是指，只要公司會持續成長，不用管股價，買就對了。這類投資人相信的是，公司的營運能力最重要，只要體質好、具有成長性，當下的價格永遠是便宜的；因此，看準**「公司」**買就對了。這類投資人以彼得．林區為代表。

「創業投資」是指，未上市公司不為多數人知，因此價格可能低估、成長潛能大，是一本萬利的好生意。這類投資人相信的是，有才華的領導人與有潛力的新市場將帶來大幅度的獲利；因此，看準**「創業家」**跟**「市場」**買就對了。這類投資人則以喬治斯．杜洛特為代表。

但仔細想想，這些投資策略，難道沒有自相矛盾嗎？在一檔股票持續下跌時，短期投資者會順勢放空、價值投資者則逆勢買回。同樣都看好一家公司的未來發展性，價值投資人會因為股價高於其估值而收手、成長型投資人則會毫不猶豫的買入。至於，創業投資人甚至對上市櫃股票沒興趣。說穿了，大家對金融世界的假設各自不同，因此對同一個情境的判斷就會不同。

散戶最大的問題出在策略跟紀律

好策略不表示能成功，能確實執行策略的紀律，同樣重要。人類有情緒跟情感，會因貪婪而在不該買進的時候買進、會因恐懼而在不該賣出的時候賣出，很難恪守紀律；機器沒有情感跟情緒，反而占優勢。因此，如果我們假設人跟機器的策略水準相同，在執行紀律上，機器將大勝人類。

另一方面，隨著機器學習（machine learning）技術持續發展，可以想見的是：機器可能發展出人類無法理解的優秀策略。索羅斯的經驗說明，顧慮道德有損獲利，機器沒有道德、以獲利為唯一標準操作，反而更具優勢。說來諷刺，人類創造了機器，但最後卻可能由機器宰制金融市場。

因此，如果用策略、紀律、運氣這三個要素來看，除非我們能論證人類的運氣特別好，否則長期而言應該是機器的績效會超越人類。

這樣說起來，我們幹嘛還要讀這本《散戶的機會》呢？

關鍵在於「規模」。不論是主動型或者被動式基金，都有大筆資金必須投出，法規上也不允許資金集中少數幾檔投資標的。一般散戶的資本額不高、投資相對集中，可以把精力放在少數標的上。

在這樣的情況下，策略跟紀律就顯得更加重要。

我認為**絕大多數散戶的最大問題都是：沒有策略**。因為急漲而搶進股票，卻不知道應該在漲勢停止時賣出；因為長期成長潛力而買進的股票，卻在大盤崩跌時脫手。相對的，如果散戶不清楚自身行動背後的脈絡跟邏輯，就更容易**因為貪婪跟恐懼而喪失紀律**。

本書介紹了投資大師們的故事，其中涵蓋了各種成功策略。如果你還是初學者，可以透過故事，探索自己的投資傾向與類型；如果你有投資經驗，則可以透過各種不同投資策略，優化自己的操作手法。當然，如果你本身已經透過投資獲得大筆財富，這本書會提醒你，必須時刻反觀投資環境在不斷動盪的每個當下，畢竟富貴險中求。

未來，是否還能有新的投資大師帶來新的投資視野？我相信會有的。只要資本主義持續存在，不管這個投資大師是人類或者機器，我都相信在不同環境下，永遠會有嶄新的投資策略誕生。即使下個時代的大師都是機器人，也千萬別忘了，身為散戶，你仍坐擁獲利機會。

推薦序五

一般人也可以成為超級投資者

英國國家廣播公司財經編輯／克里夫．莫法特（Clive Moffatt）

常常有人說，股市是一個大賣場，所有已知資訊應有盡有，那作者帕崔吉寫這本書又有什麼意義？首先，本書很有趣，他研究與評核過去兩百年來二十位「超級投資人」的績效與影響。如果你是散戶投資人，這本書會讓你看到哪些是投資成功的因素。如果你是專業的基金經理人，本書能為你提供有用的見解，讓你看清楚你的對手以及過去的前輩，甚至讓你可以試著自我評等。

大衛．李嘉圖（David Ricardo）曾利用滑鐵盧之戰（Battle of Waterloo）的結果來套利，結果大為成功（第二章會介紹此人），在這之後，投資市場的範疇與複雜度都出現大幅轉變，但就像作者說的，**今日投資要成功，還是要取決於知識、對風險的接受度、抓準時機和運氣**。投資和人生的其他領域一樣，既是科學，也是一門藝術。

二〇〇八年全球金融系統崩壞之後，世人對於專業基金經理人更抱持懷疑態度。作者用幾句話很貼切的捕捉到這種現象：「整體訊息看來，投資人長期很難勝過大盤，多數的專業經理人不過就是坐領高薪丟銅板做決定的人。」

另一方面，二〇〇八年後利率極低，顯然沒人能靠著只把現金存入儲蓄帳戶致富，年金基金也無法用定存達成目標。然而，低利率造成的低廉資金帶動股市強力復甦。投資人面臨的挑戰，是如何在瞬息萬變的全球市場中賺得高於平均水準的報酬。

為達此目的，作者把重點放在各種不同的專業投資人身上，跨越古今，從李嘉圖、班哲明．葛拉漢（Benjamin Graham），一路講到華倫．巴菲特（Warren Buffett）與尼爾．伍德佛（Neil Woodford），也涵蓋了創投業者和學術圈，如約翰．梅納德．凱因斯（John Maynard Keynes）和保羅．薩謬爾森（Paul Samuelson），當然，他也沒漏掉被動投資創始者傑克．柏格（Jack Bogle）。這是一份多采多姿的綜合清單，而且，作者不只是單純記述這些人是誰、又做了什麼，他貼近檢視他們的績效與影響，還有，很重要的是，他深入挖掘，看看現今的投資人從他們每一個人身上，可學到哪些可實際套用的心得。

他也評價了這些人。有的人可能主張，本書跨越的期間這麼長，沒有辦法把這些人歸成同一類來比較，為了回應這個問題，作者避開使用過度繁複的評估標準，採行類似旅館星級評等系統的簡單（而且不會太過嚴肅）評分制度，內容分成四類，每類最高評分為五顆星。為了不妨礙你閱讀本書的樂趣，我就不透露是誰贏了。我只能說，沒有人拿到滿分二十分，冠軍也不是大家想當然耳的那個人。

無論你是專業基金經理人還是散戶投資人，關於要走哪一條路才能到達投資成功的目的地，這本針對個別菁英投資績效所做的比較分析，能告訴你哪些資訊？

多數投資人和分析師可能都同意作者的主要結論：

- 即便資訊流動性高、電腦運算能力強且網際網路速度快，金融市場仍不完美，還是可以找出異常之處並藉此獲利。
- 通往成功投資的目的地有很多不同的路徑，而且沒有「必殺技」。
- 重點是要開放心胸，投資取向要靈活有彈性，而且**耐心通常會贏得獎賞，太常殺進殺出與改變布局，只會得到負面結果**。
- 股市是一場零和遊戲，有一個買方，必有一個賣方，而且雙方均自認精明；如果你覺得自己具有優勢，那就要堅持到底。
- 很多投資人奉行「賣掉賠錢股，抱緊賺錢股」的箴言，但有時候跌價買（或繼續持有）並準備好之後繼續買進更多的跌價股，這樣做很划算。但**不管你用的戰術是什麼，擬好出場計畫永遠都有好處**。

根據我自己四十年來的觀察，我要發表以下心得，有些呼應了作者在這二十位經得起時間考驗的投資人身上，發現的關鍵因素：

一、時機決定一切。這一點適用於所有投資形式；不要只會在下跌前賣出，或是在價格觸底時才有動作。有時候就是因為某些媒體製造出恐懼、帶動氛圍在短短幾天內扭轉，導致創投界某些最出色的商業計畫，資金無法到位而錯失良機。巴菲特就說過：「**股市是一種機制，把錢從沒耐性的人手中轉給有耐性的人**。」

二、資訊永遠不嫌多。某些法人投資人以及他們的顧問很急著達成某一樁交易，因此忽略了必須針對行銷與管理進行全面實地查核，或者忽略了相關分析中透露出的負面結論。用葛拉漢的話來說是：「把投資做成像經營企業一樣，那就是最成功的時候。」

三、學習識別品牌價值。很多企業宣稱擁有品牌，但實際上他們不過是在市場上稍微有知名度而已。真正的品牌，擁有願意購買品牌產品與服務的顧客，就算其他人賣的東西比較便宜或比較方便，仍不離不棄。市場評價高的品牌，例如蘋果（Apple），成長速度通常高於平均股價，搶得高市占率。經驗指出，打造品牌要耗費多年，但很可能一夕之間就摧毀。彼得．林區（Peter Lynch）說了：「股票可不是彩券。」

四、小心直線性的預測。在網路熱潮時，有一位資深投資人對我說，他已經厭倦閱讀估計營收與獲利時直接用外插法、曲線毫無轉折的公開說明書。無論管理得多好，一家企業總會有起起伏伏。這裡又要引用林區的話：「你會碰到衰退、股市下跌。如果你不懂股市會有這種事，那代表你還沒準備好，而且，你在市場裡也無法有好表現。」

五、要對個人崇拜存疑。我們活在一個充滿名人的世界裡，不僅娛樂圈如此，商業界亦如是。世人常被企業董事長與執行長過去的聲譽所蒙蔽，就算分析指出他們很難（甚至不可能）再創過去的成功，還是會替他們背書。願景和妥善的管理是成功的必要條件，而非只是起碼的條件。而且，就像葛拉漢說的：「就算是**最明智的投資人，也需要相當的意志力才能不隨便從眾。**」

六、要注意市場氣氛。我一九七〇年代時在英國國家廣播公司（ＢＢＣ）第四電台主持《財務報告》（*Financial Report*）節目，當我們不確定大盤指數或特定個股為何漲或跌時，就會很籠統的歸諸於市場氣氛的變動。跟著人群走有時候很成功，但長期來看能創造最佳報酬的都不是流行的事物。葛拉漢的名言是：「**投資人應該用買雜貨、而不是買香水的態度來買股票。**」

七、無趣的公司可以幫你賺大錢。我在《投資人紀事報》（*Investor Chronicle*）任職時，企業版的編輯常常推薦「買進」沒人聽過、但經營得宜又現金飽飽、而且（即便有前兩項因素）股價低於資產淨值的公司。找到市場裡的異數能帶來豐厚的報酬。以美國的金融家克里斯多福．布隆尼（Christopher Browne）的話來說，那就是：「**價值股帶來的刺激就像看著綠草生長一般，但你曾注意過綠草一個星期可以長多長嗎？**」

人們常說，主導現代投資世界的是大型且資源豐沛的基金。目前全球金融交易已經涵蓋所有整合市場，以其規模和速度來看，能**讓散戶投資人直接積極參與市場，而不僅只是被動追蹤指數型基金**的有限範疇。然而，雖然被動投資確實是極理想的合理選擇（作者也這麼說），確實，對某些人來說是最佳選擇，但作者仍然很樂觀，認為一般人仍有能力成為成功的投資人。

我認為你讀完《散戶的機會》之後也會這麼想。

按：克里夫・莫法特是一位具有四十餘年資歷的國際商業與管理顧問。他畢業於倫敦政經學院（一九七一年），曾任英國財政部經濟學家、工商銀行家（任職於健力士皮特集團〔Guinness Peat Group〕）、英國國家廣播公司財經編輯與《投資人紀事報》商業主編。他於一九八八年成立顧問公司莫法特公司（Moffatt Associates）。

引言
散戶的機會

二〇〇八年全球金融海嘯之後，專業基金經理人遭到前所未見的放大檢視。世人主要的怨言，是這些人領取的薪酬太高，創造的報酬卻低得驚人。多數悲觀的研究指出，僅有少數主動型經理人能勝過他們自己追蹤的長期指數績效。雖然有些研究語帶同情的檢視市場，但整體的訊息仍指向長期績效難以勝過大盤，多數的投資專業人士不過只是坐領高薪，用丟銅板做決定。

確實，整體局面看來令人絕望，不過有越來越多專家因此認為，選擇被動式投資是最輕鬆簡便的方法；「被動投資」是指以追蹤大盤股市為目標的低成本基金。這樣的訊息也傳到一般大眾耳裡，他們抽回投入主動式投資的資金，轉進被動式基金。許多大型機構與年金基金也起而效尤，再加上監管單位對剩下的主動式管理基金審查嚴格，於是有越來越多人懷疑，除了特定幾個利基型的領域，主動式投資很可能會在金融市場消失。

被動式投資沒什麼不好。確實，如果你沒有時間選股，而且也不想了解股市，這可能是最佳選擇。推出全世界第一檔指數型基金（按：指數型基金〔Index Fund〕，是被動管理投資基金的主要形式）的傑克·柏格（Jack Bogle），正是世人眼中最偉大的投資人之一，本書中也會用一章專門介紹他。然而，即便多數投資專業人士的績效，無法勝過其對應的基準指標，但是，就算計入手續費用，多數經理人仍替投資人的資金增添了價值。此外，也有一小群人的長期績效能大幅勝過大盤，這證明了確實有辦法賺得高於平均值的報酬。

同時，散戶投資人的門檻也大幅下降。過去，投資的機會有限，交易成本高，相關領域也大都僅開放給專業人士。然而，**由於網路交易、法規變革再加上點差交易**（spread betting，又稱為價差賭注，是一種押注某種特定市場或金融工具，在某特定時間買賣價格之間所出現價差的行為）**興起，使得散戶可以和專業投資人士正面抗衡**。股權型群眾集資（equity crowd funding，投資者在網路上對有潛力的新創公司進行投資，投資後就會變成該間公司的股東，並根據投資的比例獲得相當的股份）與個戶端對個戶端產品（peer-to-peer，匯款轉帳不須透過銀行，如第三方支付Paypal金融服務）的出現，代表了人們比過去更容易進入創投相關領域，而且網路的蓬勃發展，也讓大眾和投資的距離變小了。

這意味著投資人不用只是乾耗時間，在平庸的基金經理人與指數型基金之間做選擇，而是可以自立自強親手投資。當然，這不容易成功，因此投資人必須想出可行的策略。所謂的可行策略必須滿足兩個條件：成功的機率要很高；還有，投資人執行策略需要付出相當的時間、精力和耐性，而且必須有實際可行性。

最偉大的投資人

二〇一六年開始，我每星期都替《每週錢線》（*MoneyWeek*）雜誌撰寫專欄，側寫這些偉大的投資人，檢視他們的策略、表現、最讓人驚艷的投資，以及一般投資人能從他們身上學到什麼。寫了最初幾篇之後，我發現當中有很多人的投資生涯非常有意思，而且能提供很多資訊給大家，非常具有探索價值。我也發現有很多書都在談這個領域，雖然很有用，卻多半聚焦在特定的投資風格上，而且通常都把重心放在現代的投資人身上，忽略了早期賺大錢的那些人。

因此，我決定選出二十位值得進一步關注的傳奇投資人，更深入研究他們的投資生涯。我選出這些投資人，是根據他們的績效、長期性、影響力，以及散戶投資人可以師法的程度。這些人當中有美國人也有英國人，涵蓋的期間很長，始於十八世紀末的大衛・李嘉圖（David Ricardo）和二十世紀初的傑西・李佛摩（Jesse Livermore），一直談到目前仍在管理資金的投資人。

我納入的範例包括短線交易型投資人——拿破崙時代的經濟學家李嘉圖、美國最活耀的投機客李佛摩、金融巨鱷喬治・索羅斯（George Soros）、華爾街最偉大交易者麥可・史坦哈德（Michael Steinhardt）；價值型投資人——價值投資之父葛拉漢、股神華倫・巴菲特（Warren Buffett）、無聲殺手安東尼・波頓（Anthony Bolton）和恆心基金創始人尼爾・伍德佛（Neil Woodford），及成長型投資人——成長型投資教父菲利普・費雪（Philip Fisher）、巴爾的摩投資賢者湯瑪斯・羅維・普萊斯（Thomas Rowe Price）、打敗華爾街的選股之神彼得・林區（Peter Lynch）、樂觀清淡的交易者尼克・淳恩（Nick Train），也列出了一些創投資本家（由公司或基金提供資金給具有高增長潛力，或已經表現出高增長的早期新創公司）——創投教父喬治斯・杜洛特（Georges Doriot）、矽谷創投鼻祖尤金・克萊納（Eugene Kleiner）和湯姆・帕金斯（Tom Perkins）。雖然多數散戶投資人都無法直接投資私人企業（但有了群眾募資之後這一點正在改變），不過創投資本家的投資生涯仍能揭示有用的高明洞見，讓我們觀察到如何投資科技業。

最後六章的焦點，是無法歸類於前四類，但在投資殿堂裡也占有一席之地的投資人。海外投資先驅約翰・坦伯頓（John Templeton）扮演了極為關鍵的角色，他說服美國大眾要放眼美國股市之外的投資市場。做空大師羅伯・威爾森（Robert Wilson）善用複利與精明的投資，累積了將近十億美元的財產，同時也說明如何持續利用賣空來提高報酬，同時還能降低風險。愛德華・索普（Edward Thorp）是第一位「量化專家」，靠著電腦運算的威力和統計學找出投資機會，並善加利用這些機會獲取報酬。

英國《貨幣論》經濟學者約翰・梅納德・凱因斯（John Maynard Keynes）則在不同的

策略之間巧妙轉換。他試過運用自己的總體經濟學知識，在貨幣市場投資失利之後，最後以價值型投資人之姿闖出一片天。還有上述提過的，柏格率先進入指數型投資領域，克服了眾人的嘲弄，把這個領域轉化成市場中一種重要的投資策略。第一位諾貝爾經濟學獎美國得主保羅・薩謬爾森（Paul Samuelson）在世人的記憶中，是一位發展出效率市場理論（efficient market theory）的經濟學家；這套理論說明，散戶無法打敗大盤。然而，他在一檔重要的避險基金中扮演要角，也是一位成功的散戶投資人。

評比投資人

本書的主要用意，是藉由探討一些出色的投資人來啟發讀者，並略具娛樂功能。但也會試著評分，看看投資人的重要性。這裡也用四項標準來評比投資人：他們的整體績效、投資生涯長短、對於其他投資人和金融界的影響力，以及散戶投資人是否可以輕鬆的仿效他們。要直接比較各個風格迥異、操作期間也不同的投資人，我的做法是比照飯店的評比制度，頒發不同星級給每一位投資人作為評等。等級從一星（該投資人對於特定領域的影響力微乎其微）到五星（該投資人貢獻卓著）。

在表現方面，重點放在扣除手續費用之後，這些投資人與大盤（通常以標準普爾五百指數〔S&P 500〕或富時一百指數〔FTSE 100〕為代表）相比之下的表現。如果有一些投資人的報酬數據不可考，比方說李嘉圖，那就用他們賺了多少錢來評斷成敗。然而，一致性也很重要，因此，某些投資人管理的基金最後如果倒閉，或是某些人破產好幾次，就算他們到頭來賺了大錢，評等也比較低。由於投資人最根本的目標是賺錢，因此，幾乎所有投資人在賺錢這個面向都得到四星或五星（柏格除外，他只得到三星）。

長期性與績效表現兩者之間的關係錯縱複雜，這是因為，要在長期的投資生涯中達成穩定的表現，比在短短幾年間維持績效更難。投資生涯長達數十載的投資人會得到五顆星，在投資領域中只待了大概十年的人分數就沒這麼高了。在這方面，主要的重點是這些投資人是否直接管理資金以及投資的時間長短。這個評比的得分情況和報酬數據相似，大部分的投資人分數都很高，但仍有些相對低分。

評估投資人時常忽略的一項標準，就是非專業投資人要落實這些人的策略難易度。最明顯的範例是巴菲特，他的成績卓越出色，在六十餘年的投資生涯中賺了很多錢。然而，波克夏海瑟威公司（Berkshire Hathaway）的多數投資標的都是私人公司，一般大眾無法直接投資。同樣的，短線投資也是一種要花掉許多時間且耗費心力的投資方式；一九九〇年代末期的網路泡沫期間，很多人辭掉工作、專心操作股票，這些人用很辛苦的方式才有辦法領悟到前述的道理。

賺錢之餘，投資人也會因為發展出影響世人的投資方法，而對投資世界有所貢獻。這和新興的投資方法有關，比方說費雪的重心就放在，尋找長期獲利而且快速成長的企業。或者，投資人會因為推出新的金融產品而名留青史，比方說柏格以及他發展出來指數型基金。然而，要特別一提的重點是，光是知名度或成為名人，並不保證能在這個領域得高分。舉例來說，索羅斯是知名的慈善家，在英國脫離歐洲匯率機制（ERM）一事上更扮演重要角色，但是，他的「反射性」（reflexivity）等金融理論並未激起太多漣漪。

第 1 章

投機可以讓你致富，但不代表投資成功

最活躍的美國股市投機客

傑西・李佛摩（*Jesse Livermore*）

如果你請任何一位經驗豐富的交易員推薦讀物，他們可能至少都會提到艾德溫・勒菲弗（Edwin Lefèvre）所寫的《股票作手回憶錄》（*Reminiscences of a Stock Operator*），這本書是一本以小說體裁寫成的回憶錄，主角便是投機客李佛摩。這本書於一九二三年問世，但過了將近一世紀後仍是很多人心目中的推薦好書，憑著這一點應能透露一些端倪，讓你了解李佛摩在股票交易員心中的評價。這位「少年投機客」的人生除了深具啟發性之外，他幾度大起大落、捲土重來，就是一個相當迷人的故事。

關於李佛摩的投資生涯，還有一點很讓人吃驚，就是他的募資方式。所有成功的交易員和投資人都喜歡說自己是白手起家，但就大部分的人來說，這種說法其實只有一部分正確。他們或許是想執行自己發想出來的投資概念，但通常他們都是替投資信託、避險基金或銀行從事交易或投資，然後分得部分利潤或收取管理費。但是，李佛摩不用別人的錢，他拿自己的錢去投資。當他面對逆境時，就直接對他的生活造成衝擊。

大賺大賠

李佛摩於一八七七年生於美國東北麻州舒茲柏利（Shrewsbury, Massachusetts）附近的一處農場。他在學校表現甚佳，數學尤其出色，但他的父親還是在李佛摩十四歲那年強迫他休學，要他回家幫忙務農。李佛摩不顧父親反對，在母親許可之下偷偷跑到鄰近的波士頓，口袋裡只有五美元（約等於現在的一百三十四美元）。他很快就在一家券商普惠公司（Paine Webber）找到工作，負責更新價格板上的資訊，讓經紀人和顧客隨時都能看到每一檔股票的價格。

這份不起眼的工作週薪只有六美元，但是，看著股價起落盤整，卻讓他掌握了訣竅，可以預測出股票大概的趨勢。他有一年的時間都在投機性券商（bucket shop）裡買賣股票。這種券商其實是一種賭博性的交易所，在這些地方，你可以用賒借的方式便宜買進股票。與一般券商不同的是，這裡買賣的不是實際的股份，你的收益是來自於你買股所付的錢和實際報價板上的價差。

這種點差交易的雛形，靠的是投機客的績效大概只會互相打平，券商可以漁翁得利賺飽佣金。如果是交易量小的個股，券商會希望投機客最後都虧錢，因為使用槓桿之後，賭客被掃出場的機率會再增加一〇%。然而，李佛摩向來能打敗大盤，善用槓桿賺入大把鈔票。到最後，投機性券商受不了他賺這麼多錢，導致他在波士頓完全被排擠，但到這時他早已賺進了一萬美元。

這筆錢讓他可以開始透過合法的券商買賣。然而，此時他也發現操作變得困難了，因為一般的券商必須透過交易所的交易員買賣，要執行他下的單需要時間，而且不見得能拿到最好的價格。也因此，他曾短暫回歸投機性券商（他當時的券商胡頓公司〔EF Hutton〕貸給他一筆錢支持他），以彌補之前的虧損並重新累積資本。而從一八九七年起一直到一九三四年，他第二次（也是最後一次）破產，這段期間李佛摩同時涉足了主要的商品市場與股票市場。

專心看盤，別聽內線

他的主要策略是**「看盤」，一般人熟悉的名稱叫「趨勢交易」**。這代表他要隨時監看股價的變動（他還真的看著印有股價的收報機紙帶不斷的移動），看看走勢是否出現任何突發的轉折。**如果改變持續**下去，再**加上力道夠強**，他**就會順勢而為**。一開始，他投入相對小額的資金，然而，如果趨勢延續，他會慢慢增加資金部位，持股越來越多。要等到他認為趨勢已經結束之時，他才會了結獲益。

這樣的策略代表他的做法，不是嘗試在絕對低點時買進，或在絕對高點時出場賺取價差，反之，他覺得交易員應該要耐心等待，然後進場布局，而且他對於價格創新高的個股特別有興趣。就像他說的：「就看你是想盲目亂賭、期待能大賺一筆，還是想要明智投資、賺得較小額但實現機率較高的利潤？」

李佛摩覺得根本不要去管基本面因素（比方說供需平衡），他僅將這些因素作為投資方向的指引，在交易大宗商品（commodities，大宗商品指同質化、可交易、被廣泛作為工業基礎原材料的商品，如原油、礦石等）時尤其如此。但是他認為，**如果你僅仰賴基本面來判斷一檔股票或某一項大宗商品的價格是否合宜，就會有雖然看對方向但時機太早的風險**，當市場價格尚未追上時就必須虧損出場。他也相信，**市場趨勢會預測未來的獲利和股利**，這代表股價中都已經反應了這些因素。

李佛摩認為基本分析有好有壞，但他把小道消息批評到一文不值。自一九〇九年以來，內線交易在美國就是違法行為，但是內部人士仍時不時透露情報，洩漏公司的現況。投機客聚在一起，試圖壟斷大宗商品市場的現象也相當常見。李佛摩的看法是，這些提供建議的人，多數沒有正確的資訊，或不是真的理解實際情況。雖然有時候他們確實能掌握到一些真實訊息，但也有很大的可能放出假消息，為了自身的利益盤算。

李佛摩舉了一家公司的董事為例，這名董事大誇自家公司表現得多好。公司股價才剛開始飆漲，但很快就拉回。李佛摩後來發現，這名董事早就知道公司營運得很糟，而且還悄悄出脫持股。李佛摩承認，他自己沒辦法完全不去聽小道消息與旁人的閒言閒語，在早年的投資生涯中更是如此，他偶爾會向誘惑低頭。然而，他在《股票作手回憶錄》宣稱，在他早期的生涯有一次轉捩點，當時有個朋友說服他出脫某家公司的資金部位，之後這家公司的股價狂飆，此事成為最後一根稻草，讓他決心再也不理會張三李四的建議。他會建議投資人在筆記本上寫下這兩句話：「要小心內線消息……所有內線消息都要當心。」

賺到一億美元不代表投資成功

李佛摩的財富在他投資生涯期間大起大落。一九〇一年時，他清償了胡頓公司的貸款，並累積出高達五萬美元（相當於今天的一百四十萬美元）的交易資本。之後悲劇發生了：當年出現一次熊市，散盡他所有家產，還毀了他第一段婚姻（他的妻子拒絕拿珠寶去典當），並迫使他回到投機性券商。

幾年後，他從一九〇七年股市的恐慌中賺到大錢，之後累積出來的身家有三百萬美元現金（相當於如今的七千八百萬美元）。但是，一連串的失敗交易，最慘重的是棉花交易，先讓他的資本少掉了九成，最後逼得他在一九一二年宣告破產。

當然，李佛摩沒有一直低潮下去，到了一九一七年，他已經有錢到不僅可以完全清償債務，也設定了一檔價值五十萬美元（約今九百三十二萬美元）的信託基金。到了一九二〇年代，他名下已經有好幾棟房產，並擁有一艘三百英尺長的遊艇。在華爾街大崩盤之後，他的財富估計有一億美元（約今十四億美元）。然而，到了一九三四年他又再度破產，這一次，他就沒能東山再起了。這一次的失敗，再加上諸多個人問題，例如他的兒子小傑西（Jesse Jr.）差點死去，導致他在一九四〇年自戕。但是，他還是把欠的債都還清償了，**並且留下了**現金、珠寶以及其他資產，**價值約五百萬美元**。

放空賺大錢，生命受危險

為李佛摩帶來名聲、同時也讓他惡名昭彰的一筆交易，是他在一九二九年十月華爾街崩盤前先放空（預期未來行情下跌，將手中股票按目前價格賣出，待行情跌後買進，賺取差價利潤）股市。有一小群投資人夠敏銳（或者說是夠幸運）也做了相同的事，但是他們的行動是出於本能，比方說美國甘迺迪總統的父親約瑟夫・甘迺迪（Joseph Kennedy），他是因為擦鞋童開始跟他八卦股市的小道消息，才賣掉所有股份。但李佛摩的決策不一樣，好幾個因素引領他的行動，時機點也選得恰到好處。

首先，一九二〇年代末期股市熱潮到達極盛時，他觀察到就連表現相對平庸的個股，過去十二個月的交易價格對每股盈餘的比率都非常高（按：原文使用trading at high multiples of their profits「交易價格對每股盈餘的比率」也就是一般說的「本益比」，但這裡用比較繁複的說法。後面提到這個數值會直接說本益比），這表示，投資人對於市場的未來太過樂觀了。李佛摩也警覺到，很多人用借來的資金大舉投入股市，買股時只付部分的頭款，有時候甚至只需付一〇%的金額就能買取股票。雖然李佛摩和其他專業投資人一樣，也經常運用槓桿，但是他很清楚，如果發生崩盤，這會導致投資者暴露在極大的風險之下。這也意味著股市的**熱潮靠的是投資人用越借越多的錢才撐起來的，這種狀態不會持久**，因此李佛摩很清楚，榮景終將結束，而且崩盤的速度飛快。

同時間，李佛摩注意到，在股市剛開始攀高時漲勢最強的個股，現在要不是已經到了高點，不然就是已經開始反轉下跌。他相信這是一個信號，代表多頭的牛市火力即將熄滅。由於技術面和基本面的信號雙雙指向趨勢反轉，他也把注意力轉向如何善加利用反轉趨勢。他知道，只要整體市場仍在漲，他如果隨意開始放空股票，很可能會面臨極大的損失風險，因此他開始賣出他自己手上的持股，在一九二九年的夏天之前出清了資金部位。

李佛摩現在可以開始把他的所有心思都放在做空市場上。他開始試水溫，小額放空一些很重要的個股，想看看市場的反應如何。一開始，這些嘗試失敗了，市場仍繼續上漲，他也因此賠了二十五萬美元；這是一筆大錢，但以他的財富來說只是九牛一毛。他接著操作第二波的放空。然而這些布局開始成功，李佛摩就知道遊戲結束了。他開始積極放空股票，剛好碰上著名的一九二九年十月二十四號黑色星期四（Black Thursday），當天股票市場單日跌幅達到一一%。

到了十二月，股市相比九月時的高點只剩一半。李佛摩的放空部位替他賺進了好幾百萬美元，財富淨值估計超過一億美元。確實，他的成就非凡，而他也因此被指控是一場大型陰謀的幕後黑手，故意重挫股市。他被迫發表聲明，指出他並沒有和任何人合謀，股市崩盤是因為價值被高估了。即便他極力否認，但幾個月後仍聘用私家偵探擔任保鑣防身。

我只會買股票

李佛摩雖然是技巧高超的投資者，但卻沒那麼擅長其他類型的金融商品。確實，他承認自己涉足股市之外的其他投資（通常都是因為聽從朋友的意見）都免不了變成一齣悲劇。一九二五年時他參與密茲納開發公司（Mizner Development Corporation），這是一家在佛羅里達興建度假村的集團；後來有一群憤怒的投資人控告李佛摩。其他名聲響亮的董事也都曾向募資發起人抱怨，指稱該公司要他們替這樁李佛摩投資的專案背書，實際上根本沒有這回事，即便如此李佛摩還是受到了牽連。

李佛摩在《傑西．李佛摩股市操盤術》（*How to Trade in Stocks*）裡曾說過：「我除了華爾街股票市場，其他投資根本賺不到半毛錢。而我投資其他事業還虧掉了從華爾街賺到的好幾百萬美元。」他提到的投資包括「佛羅里達的房地產、油井、飛機製造業，以及行銷新發明的產品」。李佛摩承認，他在股市以外的投資案上表現得奇差無比，他曾經去找一位朋友，並且要求對方幫自己進行額外的投資，此人直言無諱的對他說：「李佛摩，給你一個忠告，你除了華爾街的投資事業之外，在其他任何事業上都不可能成功的。」

投機可以讓你致富，如果你不怕一無所有

嚴格來說，李佛摩是一名炒短線的交易員，從股價的短期變化中獲利；他不是一名長線投資人。這種投資法以報酬率來看很可觀，但是波動性極大。即便像李佛摩這樣的傳奇人物，財富也經過上沖下洗，這一點顯示這種投資方法不適合膽小的人。短線投資很耗神，他要把大量的時間花在監看市場價格與研究可能的發展趨勢。因此，有正職工作、有家累的人，要複製他的成就可能會很辛苦。

現代最接近這種投資方式的可能要算是點差交易了；點差交易是指你賭的是股票與大宗商品的價格變動。雖然也有散戶從點差交易當中賺了大錢，但是如果你不了解自己在做什麼，可能要付出很昂貴的代價。如果你走上這條路，必須把交易的資金範圍限制在你輸得起的金額之內。

李佛摩的成就當中有一項重要關鍵，那就是他嚴謹的資金管理。短線交易員和長線投

資人不同，前者無法用長期觀點來操作。李佛摩相信要快速了結虧錢的部位，並且他很自在的承認，他認為長線投資人要一直承受損失，這件事情簡直是忍無可忍。多數接受點差交易的公司都容許你設下停損點，如果市場逆勢發展、部位的價值減少到一定金額時，會自動觸發停損機制。反之，他也相信要維持賺錢的資金部位，一直到價格數據指向趨勢即將結束為止。他相信要從賺錢的部位中抽出一部分的利潤，放入另一個帳戶裡面（這讓他在破產之後還能保有可觀的財富）。

最後，李佛摩讓人傷感的結局應是一記警鐘，提醒我們需要對這樣的交易方式有所保留。短線交易雖然是一種可以讓你增進財富的方法，但不應變成一種執著。確實，在開始交易或**投資之前**，你需要**問問自己是否能接受變得一無所有**，若否，你應該選擇壓力沒這麼大的投資方法。

就像俗話說的，如果投資讓你睡不著覺，你就需要出脫持股，直到自己能安穩入眠。

投資我最強——傑西．李佛摩

指標	得分	評論
績效	★★★★☆	他從無到有累積出可觀的財富，這顯然是一大成就。然而，李佛摩還是破產，其中一次甚至是他最後鬱鬱而終的部分原因之一，就算他還是能留給妻兒大筆財富，這一點顯然對他的績效來說是扣分的。
長期性	★★★★★	李佛摩的短線交易員生涯持續40年，自從1891年一直到他於1934年最後一次破產為止。
影響力	★★★★★	《股票作手回憶錄》是用小說體裁寫成的回憶錄，被視為探討交易方面最具影響力的書籍之一。
複製投資方法的難易度	★★☆☆☆	當沖交易（在同一日買進及賣出同一檔金融商品的投機式交易）是一種壓力極大且耗費時間的賺錢方法，失敗的機率極高。然而，即便是持有長期部位的投資人，也可以從李佛摩身上學到很多技巧。
總分		16 顆星

第2章

國家的危機，是投資的最佳時機

英國最有影響力的古典經濟學家

大衛・李嘉圖（*David Ricardo*）

如果你讀過經濟學，那你應該聽過李嘉圖。他是早期的經濟學家之一，直至今日，仍有人在學習他提出的概念。確實，他的「比較利益」（comparative advantage）理論（此概念說明為何在擁有較低的機會成本優勢下生產，貿易對雙方都有利），顯然是現代貿易政策的基石。他在英國十九世紀初也是一位深富影響力的政治人物，主張廢除〈穀物法〉（*Corn Laws*），也大力鼓吹改變政府借錢與管理國家債務的方法。

但是大多數人並不知道他也是一位備受尊敬的金融學家與**短線交易員**。確實，李嘉圖在這方面享有盛名，以至於英國的《泰晤士報》（*The Times*）刊出的一篇訃聞（在他死後出刊）推論，後世會記得李嘉圖，主要是因為他在股票市場賺錢的能力，而不是因為他是經濟學思想家。但最後的事實剛好相反，他賺大錢的時代，也只是金融市場剛要發展之時（一八〇一年成立第一家僅限會員的交易所，一八一二年才頒布第一份規章），然而，他的人生故事裡，仍有許多值得現代投資人學習之處。

私奔之後，他放貸獲利

李嘉圖於一七七二年生於倫敦的猶太移民家庭，十四歲時就輟學，他的父親是一位非常成功的股票經紀人，而他開始在父親的手下工作。然而，七年之後，他和一名貴格教徒

（按：Quaker，又稱公誼會或者教友派〔Religious Society of Friends〕，是基督教新教的一個派別）的女兒私奔。這件事讓他終生與父母疏離，也迫使他必須要以獨立股票交易商（stock jobber）的身分維生；這樣的人，同時擁有造市者（market maker）與場內交易員（floor trader）的身分與功能（英國過去一直有場內交易員與經紀商之別，一直到一九八六年發生股市大震盪〔Big Bang〕之後才取消）獨立股票交易商可以買賣各種股票和債券，李嘉圖主要交易的是英國政府公債（政府為籌措財政資金，承諾在一定時期支付利息和到期償還本金的一種債權債務憑證）。

雖然李嘉圖的名氣主要來自於他的股票自營交易活動，但是他也因為受人尊敬而成為放款包商，主導各種聯貸，標購政府公債。這套操作背後的概念，是這些由富有私人投資者組成聯貸和銀行競爭，把錢借給政府，讓此時因為拿破崙戰爭而財政吃緊的英國政府，能用比較低廉的成本借到錢；一八〇三年拿破崙戰爭爆發，使得英國債台越築越高。

李嘉圖的聯貸案，在第一次嘗試貸款給政府時失敗了，但隔年的行動就比較成功，順利成為首先打破私人銀行壟斷局面的組合，放貸到一千四百二十萬英鎊（約今十億一千萬英鎊）。整體來說，從一八一一年到一八一五年，李嘉圖的聯貸團參與放貸的總金額為一億五千八百萬英鎊（約今一百零五億英鎊），但這些金額還要劃分給銀行和其他聯貸團（再者，李嘉圖的聯貸團裡也有許多個別成員）。李嘉圖在一八一五年滑鐵盧之戰（Battle of Waterloo）不久之後即退出金融業，但他持續管理自己的投資，貸款給實業家。到他離世之前，他還在法西戰爭（Franco-Spanish war）期間，利用法國債券的價格不穩定性，炒作套利。

市場的歇斯底里，是獲利的途徑

李嘉圖在投資生涯中多數時候使用兩套主要策略。首先，他從事現代所謂的「配對交易」（pairs trading）。他會去找雖不完全相同、但趨勢表現類似的債券。當這兩檔債券的價格開始乖離，他會**買下相對便宜的**債券、**做空相對昂貴的**另一檔。其中的概念是，如果他對於這兩檔債券的關係所做的判斷正確，那麼，這兩種投資的價格終究會收斂至趨近，這表示其中一檔的任何虧損風險，都會因為另一檔的獲利而抵銷。

李嘉圖偶爾也用投機手法來輔助前述做法。他是天生的逆勢操作者，相信市場總是對於短期事件反應過度。然而，他認為，如果要善加利用這一點，最好的辦法是採動能導向法（momentum-based approach，一種購買過去三到十二個月有高報酬的金融商品，並出售同一時期收益不佳金融商品的操作方式），目的是要搶得市場先機。也因此，他會**留意推高股價的消息**，在價格即將進一步上漲之前先買進。同樣的，如果他覺得利空消息會打擊投資人，他就會賣出。最早有一批投資人相信，了結虧損部位、保留獲利部位是降低風險的好方法，李嘉圖便是其中之一。

從八百英鎊到五千七百萬英鎊

李嘉圖從未明說他賺了多少錢，但證據指出他的交易活動帶來了綿長的利潤。雖然單筆交易金額相對較小（通常最多就幾百英鎊），但是因為持續而且次數頻繁，讓他得以累積出大量的交易資本。

一七九三年他離開父親時身上僅有八百英鎊，其餘的資本都是同情他的銀行家借他的貸款。但是，到了一八〇一年時他已經很成功，一年內交易的統一公債金額，已經高達一百萬英鎊（以二〇一五年的價格來說，相當於六千九百萬英鎊）。這番成就，讓他有錢過著越來越奢華的生活。一七九三年他結婚時住在康寧頓（Kennington）一處小房子裡，這裡是倫敦的郊區，年租金為十八英鎊（約今一千九百零四英鎊）。到了一八一二年，他一年支付的租金達四百五十英鎊（約今兩萬七千英鎊），在時髦的格羅夫納廣場（Grosvenor Square）租下一間大豪宅（美國駐英國大使館也位在格羅夫納廣場）。一八一四年，他以六萬英鎊（約今三百七十九萬英鎊）買下蓋特康比園（Gatcombe

Park），這是一座位在格洛斯特郡（Gloucestershire）的鄉村大邸。李嘉圖和家人常在蓋特康比園舉辦豪奢的派對。

退出金融圈之後，李嘉圖勾銷兩萬五千英鎊（約今一百七十萬英鎊）貸款，在英國國會買下一席之地，一八一九年時躋身英國國會。他於一八二三年過世，此時他的財產估計超過七十萬英鎊（約今五千七百二十萬英鎊），但是，這並沒有計入房地產的增值數額，因此真實價值可能更高。

拿破崙的滑鐵盧，李嘉圖的光榮凱旋

說到確立李嘉圖傳奇投機客地位的事蹟，莫過於他在一八一五年六月法國滑鐵盧戰役前、後的所作所為。故事有幾種不同的版本，但最為人所知的說法來自於經濟學家保羅・薩謬爾森，他針對李嘉圖的經濟學理論寫過大量論文。薩謬爾森過世不久前曾在期刊上發表一篇文章，宣稱李嘉圖聘用一位助理觀察戰事情況，並快速回報消息，因此他可以比別人更快得知戰爭結果。

多數人都善用這番情勢買進更多債券，但薩謬爾森說，李嘉圖選用的應該是另一種比較狡詐的策略。「他安坐在交易所裡的寶座，不斷出售英國公債。其他交易員看到了，都懷疑他是否知道某些內情，於是也跟著他賣。忽然之間，李嘉圖反向操作，不斷的買進。」這些交易的結果是讓他得到「有生以來最大的成功之舉」，讓他得以退出主動交易，之後終其一生成為靠股息過活的被動型投資人（rentier-investor）。

愛聽金融詐欺故事的人，會喜歡這種大場面虛張聲勢的冷血無情（但現今這種行為是非法的），不過歷史學家找不到直接證據，無法證明他真的比別人更早知道戰爭結果，或是散播關於英國戰敗的消息。李嘉圖也輕描淡寫他從中的獲益。實際上，在一封信中，他寫給約翰．史都華．密爾（John Stuart Mill）（一位知名的經濟政治思想家），他表示雖然如今他很富有，但是「我可不是那種『錢多到花不完』的人。」

當然，他無疑在這段期間賺了很多錢。一八一五年三月，也就是滑鐵盧之戰前三個月，拿破崙逃離厄爾巴島（Elba），意氣風發回到法國，引發世人的恐懼，讓人擔心會再度出現長期的戰爭，甚至是英國遭到入侵。這導致統一公債的價格壓到低點（李嘉圖在拍賣前夕審慎賣出一些公債，可能也起了一定的作用）。李嘉圖為自己的聯貸團成功標得三千六百萬的政府公債，他本人在這樁交易裡也投入大筆私人資金。他的朋友馬爾薩斯（Malthus）亦申購了公債，但在小幅獲利之後，堅持馬上兌現入袋，而李嘉圖則持續抱著投資部位。

確實，李嘉圖看來**利用了債券價格暫時大跌的契機，進一步加碼**；最初關於戰爭的報導刊出之後，過了幾天就傳出新的消息破除英國戰敗的謠言。也因此，在滑鐵盧之戰結束兩星期後，李嘉圖說，他所有的家當都鍍了一層黃金，因為這次借貸給政府而成為大贏家。幾個月之後，李嘉圖肯定的說：「現在，我富裕到可以滿足所有渴望，以及所有的合理欲求。」總括來說，《泰晤士報》上刊出的訃聞宣稱，他在這段期間透過炒作政府公債賺進了一百萬英鎊（相當於現今的六千六百二十萬英鎊）。

「街上血流成河之時，便是買入的最佳時機」

從表面上來看，李嘉圖的行為似乎互相矛盾。撇開他的配對交易不談，他的一生泰半時間都跟著群眾下注。然而，他最知名（而且獲利最豐）的投資，是和所有人反其道而行（亦即，當每個人都對於法國入侵感到惶惶不安時，他卻借錢給政府，也買入公債）。但是，這其實並不像表面看來的不合邏輯，實際上，這正好說明了應如何用投資的時間架構，來決定你的策略，或者白話來說，這就是短線交易和長期投資的差異。

確實，李嘉圖似乎比大量學術文獻更早就想到股票短期會表現出正向動能，換言之，**上漲的股票比較可能持續上漲，疲弱的個股則會一直績效不彰**。舉例來說，一九三三年一項由納拉西蒙・傑加德什（Narasimhan Jegadeesh）和謝里丹・提特曼（Sheridan Titman）

所做的研究發現，**如果你買進在某段短期間內表現最好的股票、並持有夠長的時間，你就能超越大盤**。這種效應不僅限於股市，凱斯商學院（Cass Business School）的盧卡斯・孟霍夫（Lukas Menkhoff）就發現，相同方法套用在買進表現最佳的貨幣（外匯），也能創造可觀的報酬。

然而，長期動能效應會開始逐漸減退，最終會反向逆轉。且實際上，韋納・德・邦特（Werner De Bondt）和理查・賽勒（Richard Thaler）一九八五年做了一項研究發現，由表現最差的個股組成的投資組合，長期來看（以年計算），通常會勝過由表現最佳個股組成的投資組合。沒錯，**史上某些最慘烈的熊市之後，緊接而來的就是同樣兇猛的牛市**。舉例來說，自二〇〇七年九月開始，股市市值在十八個月裡腰斬一半以上，之後，不到兩年又漲了將近兩倍。因此，李嘉圖的所作所為大有道理，他身為短線交易員時是一個從眾的人，但持有長期部位時又是一個逆勢操作者。

與李嘉圖同一個時代的羅富齊男爵（Baron Rothschild）就說了：「街上血流成河之時，便是買入的最佳時機。」

投資我最強——大衛・李嘉圖

指標	得分	評論
績效	★★★★☆	和父親斷絕關係後，李嘉圖設法提升自己的交易能力，最後累積出可觀的財富。然而，即便針對通貨膨脹調整，在現代避險基金大亨眼裡，他最終的淨財富仍相對較少。
長期性	★★★★☆	李嘉圖自1793年展開投資生涯，在1815年滑鐵盧之戰後就退出。他約有14年的時間都扮演投資要角。
影響力	★★☆☆☆	世人至今仍在學習他的經濟理論，但他在投資方面的影響力卻只是平平而已。
複製投資方法的難易度	★★☆☆☆	一如李佛摩，一般人要像李嘉圖一樣，用大量的短線交易來創造財富，相對困難。
總分		12 顆星

第3章

投資顧慮道德，有損獲益

搞垮英格蘭銀行的金融巨鱷

喬治・索羅斯（*George Soros*）

索羅斯和巴菲特一樣，都是目前仍在世、名聲無人不知的投資人。然而，巴菲特享有的是「國寶級」地位，而世人害怕索羅斯的程度和尊重他的態度可能不相上下。一方面，他提出的經濟評論經常占據頭版，他的經濟理念經常讓他在全世界贏得敬重，尤其是他支持民主機制所抱持的態度。確實，在鐵幕崩解之後，他努力幫助東歐建立文明社會，種種作為的影響力甚為深遠，甚至被人稱為「第二次馬歇爾計畫」（second Marshall Plan）。（按：馬歇爾計畫，歐洲復興計畫，是第二次世界大戰後美國對戰爭破壞後的西歐各國進行經濟援助、協助重建的計畫。）

然而，由於曝光率越來越高，他也成為重大金融事件的代罪羔羊。在這方面，索羅斯最惡名昭彰的案例出現在一九九七年，時任馬來西亞總理的馬哈地（Mahathir bin Mohamad）譴責他引發亞洲金融風暴。當然，引發這場危機的主因顯然是蹩腳的經濟政策，並不是什麼幽靈般的陰謀集團在呼風喚雨，馬哈地後來也被迫承認陰謀論的指控毫無憑據。而某些人相信索羅斯的地位足以決定某些國家的命運，這一點正好證明了他的金融敏銳度、在金融圈的地位，以及長久以來亮眼的成功績效。

原本想當哲學家

索羅斯於一九三〇年生於匈牙利布達佩斯（Budapest, Hungary），撐過了納粹占領匈牙利，第二次世界大戰後到倫敦政經學院攻讀哲學，拿到學士學位，之後取得哲學碩士學位。他用各種勞力工作養活自己，包括擔任鐵路搬運工和服務生，也拿到一筆慈善機構的小額獎助金。他一開始嚮往成為學者，但後來明白自己不夠出色，因而移轉重心，希望成為一位投資家。他的起步遭遇幾次挫折，之後到了一九五四年時，辛格芙利蘭德商業銀行（Singer & Friedlander）聘為他儲備幹部。

雖然他很快就升遷到了利差交易員（一般指外匯上的利差交易，即借入利率較低的貨幣，然後買入並持有較高收益的貨幣，藉此賺取利差）的位置，但他認為他留在此地的發展有限，因為這家銀行不願意讓基層員工擔任太多職責。因此，他轉往美國，善用他對於歐洲市場的理解，在一家紐約企業——梅爾公司（F. M. Mayer）裡找到類似的工作，之後又轉職到韋特海因公司（Wertheim & Co.）。在一九六一年到一九六三年時，索羅斯最後一次嘗試要當哲學家，動手修改他的碩士論文，但是，倫敦政經學院的教授卡爾・波普（Karl Popper）對此反應出奇冷淡，索羅斯便從此放棄了學術夢，全心投入賺取財富。

索羅斯的重大突破，出現他一九六三年進入安諾與布雷許洛德公司（Arnhold and S.

Bleichroeder）之後。一開始他擔任分析師，四年後成為研究部門主任。一九六六年，公司同意用十萬美元（以二〇一五年的價格計算為七十二萬九千美元）設置一檔基金，而在因緣際會之下，安諾與布雷許洛德公司後來又讓索羅斯設置了兩檔基金：一九六七年的首鷹（First Eagle）與一九六九年的雙鷹（Double Eagle）。但是，由於法規的變革，使得仍任職於安諾與布雷許洛德公司的索羅斯很難分享利潤，索羅斯渴望獨立，決定自立門戶。

到了一九七三年，索羅斯正式與母公司切斷關聯，辭掉首鷹基金負責人的職務，並讓投資人決定，看是要跟著索羅斯自己的基金（這也就是現在大家所熟知的量子基金〔Quantum Fund〕）一起出走，還是要留在安諾與布雷許洛德公司。一九八八年之前，索羅斯一直握有量子基金的單一掌控權，但是，自一九八〇年代末期之後，由於基金規模極為龐大，再加上索羅斯對於慈善事業感到興趣，因此他必須把越來越多的日常管理工作交代下去，讓一個由菁英基金經理人組成的小團隊負責，其中最重要的人，就是一九八八年到二〇〇〇年間任職於量子基金的史丹利．卓肯米勒（Stanley Druckenmiller）。

然而，這不代表索羅斯就不再管理資金了。他不僅保有整體控制權，還經常自己跳進來建立龐大資金部位。二〇一一年，他對外部投資人封閉基金，並返還他們投資的資金，如此一來，操作基金完全就是用索羅斯自己的錢了。

牽動市場的，往往是投資者的衝動

索羅斯是一位採取「全球總體」（global macro）策略的投資人，這表示他不畫地自限專注於單一資產類別，比方說不只著重在股票，反而聚焦在各式各樣的貨幣、債券與大宗期貨商品上。尤其是他做了很多高槓桿操作，根據他的總體經濟法，來預測貨幣的走勢變動與政府公債趨勢。他經常借錢來賭貨幣與公債，期待高報酬率。雖然他多數的投資都是可以快速買賣的流動資產，但是他也掌握私人企業的股權並投資房地產。

索羅斯的投資方法，大致上遵循價值型投資人的操作方式，廉價買入資產，期待未來增值的可能性。然而他也發展出自己的一套，名為「反射性」（reflexivity）的金融市場理論，並在一九八七年出版的《金融煉金術》（*The Alchemy of Finance*）一書裡詳加論述。基本上，這套理論有兩個最基本的概念：第一、**牽動市場的因素，往往是投資者的衝動行為而不是理性判斷**，因此導致金融商品定價出錯。第二、索羅斯相信，**市場參與者的行為最終會改變基本面**；這也是和傳統價值型投資不同的重點之處，傳統價值型投資者，認為市場價值最後都會回歸基本面。而根據自己的理論，索羅斯相信在某些情況下，泡沫會持續不破。

索羅斯管理過多檔基金，其中有幾檔被合併，有幾檔被分拆，因此很難精準衡量他的績效。有些人主張，量子基金表現卓越，卓肯米勒以及接下索羅斯職責的其他經理人應享有部分功勞。但無庸置疑的是，索羅斯本人成就非凡。《紐約時報》（*New York Times*）推估，在一九六九年到二〇一一年間，量子基金的年報酬率約為二〇％，相較之下，這段期間的股市年報酬率不到一〇％。就算索羅斯大力出資贊助慈善事業，但是彭博社（Bloomberg）推估他的財富淨值仍約有兩百四十四億美元（截至二〇一七年）。

英國央行賠了三十三億英鎊，索羅斯獲利二十億美元

索羅斯最著名的交易，就是一九九二年他賭英鎊下跌賭贏了，這一役讓他贏得「打敗英國央行的人」的名聲。一九七九年。八個歐洲國家同意成立歐洲匯率機制（European Rates Mechanism，簡稱ＥＲＭ），背後的想法是要將各國的貨幣綁在一起，大幅限制彼此匯兌上的變動幅度，希望能藉由降低匯率波動性來提振貿易。此舉導致各國無法靠著貶值來脫離經濟危機，因而強迫政府嚴謹管理財政，並執行促進經濟成長的相關改革。

一九九〇年，經過內部大量討論之後，英國終於決定加入歐洲的聯合匯率機制。問題是，英國加入時的匯率極高，削弱了英國出口的競爭力，衝擊到經濟成長。在此同時，德國央行（也就是歐洲匯率機制實際上的領袖）很擔心英國加入引發的通膨效應，決定要調

高利率。這代表英國政府有兩個選擇：留在歐洲匯率機制裡面，但付出扼殺經濟發展的代價；或者，利用貶值來刺激經濟，而歐洲匯率機制的會員國不能使用這種經濟政策。

索羅斯相信英國的房市和經濟都無法承受匯率進一步的攀升，他得到的結論是英國必須脫離歐洲匯率機制。此外，他也認為一旦金融市場不相信英國會加入歐洲匯率機制，就會開始拋售英鎊，這麼一來，要將英鎊匯率維持在必要水準的成本，已經超過政治上能接受的程度。簡而言之，就算英國政府想留在歐洲匯率機制，也會因為多數人預期英國最後終將脫離，而被迫離開：這是一個投資人行為導致基本面改變的明顯案例，驗證了索羅斯自己的反射性理論。

自一九九二年夏天起，索羅斯就決定要大量放空英鎊，借了五十億英鎊的資金，用這筆錢買進德國馬克。整體來說，他針對英鎊貶值所下的賭注金額，總計達一百億美元。

一九九二年九月十五日，由於預期英鎊即將大貶，交易員開始拋售。一開始，英國央行試著捍衛英鎊，大舉買進，首席交易員吉姆．拓特（Jim Trott）事後說，英國央行在四個小時內買進的英鎊，遠遠超過前後的購買量。隔天，英國央行升息到一二％，接著是一五％，但這都無法阻止拋售英鎊，政府最後棄械投降，宣布英國將退出歐洲匯率機制（義大利也退出），利率也很快調降到一〇％（到一九九三年初時降至六％以下）。

英鎊兌馬克因此重貶。其他交易員也因為這次貶值而賺到錢，而索羅斯大量的空頭部位，讓他的直接淨獲利約十億美元，事隔一個月，也就是著名的黑色星期三（Black Wednesday），索羅斯的其他相關交易（包括做空義大利里拉），又讓他的利潤增加到二十億美元。反之，英國政府損失了三十三億英鎊。索羅斯在十月時接受《泰晤士報》訪談，廣泛引起了媒體的興趣，奠定他在金融界的傳奇地位。

求救信的反效果，讓索羅斯損失二十億美元

當然，索羅斯的策略並不是每次都正確。一九九〇年代，索羅斯為了重建俄羅斯社會花了很多錢。確實，他捐的錢一度超越美國給俄羅斯的國際援助。也因此，不管直接或間接，他完全不碰任何俄羅斯的投資，因為他不想被指控沾染利益衝突。但是，他很有信心，認為俄羅斯的經濟改革最終會為後蘇維埃的時代創造榮景，這個行為也表示，索羅斯注賭這個國家極具吸引力，讓他根本無法抗拒。

一九九四年，他做了一項小型投資，很快就獲利了結。三年後，他在俄羅斯投入幾十億美元，包括把超過十億美元的資金投入民營化的俄羅斯電信公司。他持續投入資金，還直接貸款了幾千億美元給俄羅斯政府。但到了一九九八年八月情況明朗了，俄羅斯經濟陷入嚴重危機，這個國家根本無能償債。索羅斯想著要刺激相關人士採取一些行動，於是

寫了一封信給《金融時報》（*Financial Times*），建議為俄羅斯提供一百五十億美元的國際紓困金援，再加上其他相關措施，期望能讓俄羅斯的經濟穩定下來。

但這封信引發強烈的反作用，**根本是在預告俄羅斯的經濟崩盤**，讓投資人更加恐慌。幾天後，俄羅斯政府宣布要放手讓盧布貶值，而且還要暫停償付債務。投資人急著出逃，這場金融危機導致俄羅斯的貨幣與股市雙雙重挫。此時的索羅斯是俄國最大的海外私人投資者，他遭受嚴重打擊。確實，幾個星期之後，他公開承認自己損失了二十億美元。但索羅斯身為投資人的能耐不容小覷，面對如此嚴重的挫折，**量子基金當年仍然持續獲利**。

投資顧慮道德，有損獲益

索羅斯相信，**投資範疇應該僅限於自己具有優勢的領域**，或者是對此領域知之甚詳、理解程度超越市場中其他人的區塊。以他早期的分析師生涯來說，索羅斯的優勢就是他對歐洲股票與企業的了解（多數美國投資人對這方面都不太清楚）。經營量子基金後，他的焦點主要放在貨幣和固定收益市場。他的某次重大失誤就發生在他踏出這個領域，把策略改為直接投資某一家公司時。這一點十分重要，此事件顯示，如果你不了解某個投資概念，或是不覺得你有任何特殊優勢時，就應該另擇他途。

索羅斯的成就也來自他精於挑選與正確的人合作。在量子基金早期，他和吉姆．羅傑斯（Jim Rogers）合作，後者是另一位技巧高超的投資人。同樣的，他和卓肯米勒的聯手，也讓量子基金獲利甚豐。反之，他也曾無情的開除某些經理人，後來也證明這些人確實是蹩腳的投資人（比方說吉姆．馬奎斯〔Jim Marquez〕）。投資人從中可以學到的教訓是，雖然投資信託與基金，通常長期的表現都遜於大盤（尤其是在扣除手續及管理費用之後），但靈敏的投資人還是可以找到某些打敗市場的基金。

最後，索羅斯的俄羅斯經驗顯示了保持客觀的重要性。基於道德理由，避開某些產業或國家並無不對，然而，**如果你投資某家公司或某個國家是因為你個人喜歡執行長、或是認同他們的行事風格，那就不是個好主意**。其中有一點非常有趣，值得一提，那就是雖然索羅斯支持英國留在歐盟，並提出嚴正警告如果公投脫歐成立將會有損英國經濟，但這並未阻止他之後花大錢推動英國脫歐公投。確實，雖然他在英國脫歐時因為賭英鎊而虧損，但是透過在全球市場與各金融機構買入賣出選擇權（put option），他的獲利遠超過前述虧損（按：賣出選擇權是一種契約，在特定價格可以出售某種資產；脫歐公投結果揭曉之後，這些賣出選擇權價值一飛沖天）。

投資我最強——喬治・索羅斯

指標	得分	評論
績效	★★★★★	索羅斯是一位極成功的避險基金投資人，運用他的技能累積出的財富估計超過250億美元。
長期性	★★★★★	索羅斯自1950年代就開始涉足金融投資，期間超過60年，至今然仍舊持續中。
影響力	★★★☆☆	一般認為索羅斯的哲學有助於鐵幕加速崩解。1992年他放空英鎊，也被認為是促使英國退出歐洲匯率機制關鍵因素。然而，雖然他很早就成為避險基金經理人，但他對於投資世界的實質影響甚為有限。
複製投資方法的難易度	★★☆☆☆	索羅斯是積極型的短線交易員，在貨幣市場尤其如此；由於使用的槓桿很高，貨幣市場對於新手交易員而言非常危險。他也釋出大量資本給其他經理人操作。
總分		15顆星

第4章

逆勢操作的難處，在於人性

華爾街最偉大的交易者

麥可・史坦哈德（*Michael Steinhardt*）

很多人都喜歡自認是逆勢操作型的投資人。確實，你可以主張在建立主動部位時，所有的短線交易員，甚至是跟隨趨勢的人，他們的逆勢操作其實就是在暗指市場出錯了。但是，如果你把逆勢操作型的投資人，定義成主動尋找機會進行和他人反方向的投資，能滿足此標準的投資人就少之又少了。有勇氣與信心善用逆勢操作做為核心策略，而非僅僅當作另一種偶爾啟動、然後晾在一旁的投資策略，這種投資人就更少了。

史坦哈德正是其中一個。身為第一代的避險基金先驅，他善用了市場結構給他的自由，長期布下了大量的逆勢操作資金部位。他不僅創下幾次備受矚目的勝利，長期也創造出可觀的報酬。他也是一般投資人可以師法的對象。

十九歲就出社會，退隱十年，六十四歲重回投資圈

史坦哈德於一九四〇年生於紐約，很早就從賓州大學（University of Pennsylvania）畢業，他在一九六〇年拿到社會學與統計學的學位，年僅十九歲。之後，他在卡文布洛克（Calvin Bullock）這檔共同基金的統計部門謀得職務，他認為就是這個機會激發出他對股市的興趣。同時他向父親借了一大筆錢，以個人身分開始投資股市。之後他去服了兵役，並在通訊刊物《金融世界》（*Financial World*）短暫任職，然後在華爾街的券商洛布羅茲公

司（Loeb, Rhoades & Co.）擔任分析師。

在洛布羅茲公司時，史坦哈德推薦的股票很多都很成功，這些都是大大受惠於一九六〇年代多頭牛市下的成長型股票與集團：例如灣西（Gulf and Western）等公司。這番成就促使他成立自己的投資基金史坦哈德・范恩與貝克維茲公司（Steinhardt, Fine, Berkowitz & Co），簡稱史范貝基金公司（SFB），用的就是當時還很新穎的避險基金（利用金融衍生工具採取多種以盈利為目的投資策略）架構。雖然技術上這是他和另外兩位賓大校友的合夥事業，但是負責投資決策的主要是史坦哈德，他擔任公司的執行長，資金大部分來自過去的客戶以及家族親友。

一九七八年，他幾乎已經完全退出投資界，父母更說服他放一年大假。諷刺的是，在他休完一年的假回來之後，反而一腳踢開合夥人，掌握了單一控制權。在之後的十六年，史坦哈德繼續管理資金，一直到基金（後來改名為史坦哈德合夥人基金公司〔Steinhardt Partners〕）於一九九五年關閉為止。然而，之後他仍以自己的資金從事投資，二〇〇四年時以智樹投資公司（WisdomTree Investments）董事長的身分重回投資圈。

市場容易過度悲觀或樂觀，必須逆勢而為

一開始，史坦哈德的基金以從事大宗交易聞名，這項投資是指向大型機構大量購買股份，以爭取市價的折價（如果是出售的話，就變成溢價賣出），希望脫手時能夠賺到錢。批評者主張，當時的史范貝基金公司是利用優先的市場情報，搶在其他市場參與者之前行動（比方說，預期會出現大單之前先買進），才能藉由這類交易賺錢。確實，史坦哈德本人也坦承，他實際從中得到優勢，但他主張這並不違反規定，而且對於整體獲利來說僅有小幅貢獻而已。

史坦哈德主張，他的基金多數利潤他來自於他自己建立的部位。他把操作這些部位的主策略稱之為「差異認知」（variant perception），也就是其他人所稱的逆勢投資。他的基金花大錢支付股票佣金，從經紀人那邊得到大量的資訊與研究，利用這些資料，他設法推論出華爾街對於某檔股票、某類資產或是整個市場的共識是什麼。一旦得出結論之後，他會再利用自己的研究，去**找出市場共識哪裡有明顯錯誤，並據此建立投資部位**。

這表示，如果他認為市場對於某件事的觀點過度負面，他會買進；如果太過正面，他就做空。他的多數交易都是短期的，史坦哈德則自認是個有彈性的投資人。當市場的動向對他有利，他會買進並賺進很多錢，當他認為市場衝過頭了，他就會反向操作。

對抗市場、抵禦利率，獲利大把入袋

一九七〇年代初期，成長型公司的投資十分風行。確實，投資人對於所謂的「閃亮五十」（Nifty Fifty）特別有興趣，這是指世人認為前景特別看好的五十家公司，包括柯達（Kodak）、奇異電器（General Electric）、可口可樂（Coca-Cola）和麥當勞（McDonald's）。一般都認為這些公司將會無窮無盡成長，投資人很願意支付高額價格買進，這些公司的本益比（price/earning）約達三〇到四〇倍。雖然這些企業的銷售成長速度確實很快，史坦哈德也認同這些公司在經營方面也很出色，但他相信**市場氣氛太過正面**、高估價值，這些股票**之後唯一的發展，就是反轉下跌**。

因此，史坦哈德的基金一九七二年時，大量做空這些企業。一開始，他的逆勢操作立場看來是錯的，因為閃亮五十的股價仍不斷上漲。雪上加霜的是，史坦哈德的基金還買進了一些表現很差的低價個股。即便當年度基金績效不彰，經紀人也頻頻施壓要他結清部位認賠出場，但史坦哈德仍堅守立場。他的堅持最後得到回報，接下來兩年股市崩盤，閃亮五十受到的打擊尤其嚴重。史坦哈德做空的其中一檔股票寶麗來（Polaroid），便從一九七二年的高點一路下跌，到一九七四年時跌到谷底，跌幅高達九一％。

史坦哈德堅持自己的信念，他在一九七四年底時，判定市場整體的崩盤過頭了，因此他結清自己的空頭部位，獲利豐厚，並積極買進股票，但這時已經不是再操作閃亮五十那些個股。這一次，逆勢操作的做多立場又讓他大賺一筆，確實市場在一九七〇年代中、晚期反彈上揚。

史坦哈德運用逆勢投資獲利還有另一個範例，做多一九八〇年代初期的債券市場。一九七〇年代末期，美國聯準會（The Fed，中央銀行體系）積極升息，對抗不受控的通膨。利率上漲時債券價格會下跌，極高的利率水準代表債券價格來到歷史新低。但史坦哈德相信，聯準會最後必須放手，因為高利率也會傷害美國經濟。因此，他的基金質借大量資金，買進五年期的美國公債。

就和他放空閃亮五十相同，這筆交易並未馬上讓史坦哈德順心如意。沒錯，他一九八一年初開始買進美國公債，當時利率仍不斷上漲，直到夏末才結束。這又進一步壓低了債券的價格，導致他在這幾個月大幅虧損。然而，他依然不為所動，拒絕出售或減少債券的資金部位。當然，當利率開始下跌，公債的價格就開始上漲，讓他荷包滿載。

聯準會意外升息，他損失慘重被迫退休

史坦哈德並未永遠遵循自己的規則，導致偶爾出現失誤。確實，他宣稱在一九八七年

十月十九日之前的黑色星期一（Black Monday），他早就已經對市場被高估一事感到憂心忡忡。看到散戶**投資人開始大量運用槓桿**，他也感到很擔心，**這是另一個代表非理性樂觀的信號**。最後，他擔心的是衍生性金融商品與程式交易增加（一種和衍生性商品有關的套利交易模式），會提高市場牛市反轉的潛在風險。

但是他又擔心錯失股市上漲的獲利機會，史坦哈德選擇忽略自己的警覺，繼續維持大量的多頭部位。這代表一旦市場當日重跌超過二〇%，基金全部的投資都要面對虧損，估計金額高達二億五千萬美元。基金公司雖然在市場反彈後賺回了一些錢，但忽略警示使得他的基金從當年原本漲了四五%，變成只賺五%（大致和同期的大盤表現相當）。

一九九〇年代初期，史坦哈德開始出脫短期債券的空頭部位，用這些資金買進長期債券。這套策略很順利，因為聯準會壓低利率，他可以因為長期債券的殖利率（每年發配利息的利率）較高而受益。慢慢的，不斷下滑的長期利率也拉高了長期債券的價格（債券價格與利率之間呈負相關），他又賺到額外的資本利得。歐洲匯率機制危機（法國的法郎和義大利的里拉大幅貶值）在一九九三年逐漸平息之後，他也買進大量歐洲債券，完全接受長期利率將持續下跌的市場共識。

但是在一九九四年初，**通膨隱憂促使聯準會意外升息**，在各債券市場引發恐慌，擔心日後還會有更多的升息行動。也因此，歐洲和美國的長期利率都往上飆漲，壓低了債券價格。更嚴重的是很多避險基金的處境也類似，於是同時間投資人全都開始出脫手上資金部位，這不啻是火上加油。史坦哈德運用高度槓桿，最後吞下的損失約十三億美元，導致他的基金價值在短短幾個月內減少了約三成。確實，他損失慘重到促使他退休，但是他在投資圈一直待到一九九五年，補回了約七億美元的損失。

不想打官司，賠款四千萬美元給美國司法部

即便犯下前述錯誤，史坦哈德仍創下了非常出色的成績。史坦哈德的基金從一九六七年運作到一九九五年，在這二十八年間，每年的報酬率約為二五%。史坦哈德和其他基金經理人一樣，也收取行政管理、績效費用，這表示，在扣除這些費用之前的績效更接近三〇%。就算以淨報酬來算，這段期間也比市場的年報酬率一三%高了將近兩倍。

史坦哈德合夥人基金很成功，一九六七年的資本基礎為七百七十萬美元，到了一九九五年已經成長至二十六億美元（包括子基金），這也讓史坦哈德本人累積出大筆財富，根據《富比士》（*Forbes*）雜誌報導，他的財富估計有十億四千萬美元（截至二〇一五年五月）。然而，他的投資生涯也不乏爭議。一九九四年，他個人支付超過四千萬美元給美國司法部，針對控訴他操弄債券市場的官司進行和解，但是史坦哈德仍否認這樣的說法，他

宣稱，他付錢了事只是為了避免啟動冗長的法律戰爭。

逆勢操作的難處，在於人性

大宗交易並非散戶投資人能執行的策略，但史坦哈德的績效顯示，對抗市場共識很有機會賺到大錢，當市場氣氛處於極端時尤其如此，就像一九七〇年代初期的成長型類股以及一九八〇年代時的美國公債。但與眾不同還不夠，你必須確認資金部位布局正確。確實，史坦哈德指出，很多人比他早很多年就在債券上下了賭注，但是只看到這些標的表面績效。同樣的，閃亮五十當中有很多檔成分股都很好，事實證明其中某些個股也反彈了。

逆勢操作投資還有另一個問題，那就是這**違反我們想要在團體中找安全感的人性本能**。因此，就算是最出色的投資人，也很難不從眾。正因如此，就算是史坦哈德，也會偶爾忍不住違反自己的原則。史坦哈德在一九八七年股市崩盤，與一九九四年債市潰敗之後處理虧損，賣掉一切，檢視自己出錯的地方，然後從一無所有，重建投資組合。

就算你紀律嚴謹到有資格成為逆勢操作者，時機也掌握得恰到好處，你還是應該做好準備，以因應市場和你最初的盤算背道而馳時的狀況。如果你做的是長線布局，永遠都要有足夠的流動資產，來因應暫時性的緊急現金需求，才不用過早出脫所有投資部位。

投資我最強——麥可・史坦哈德

指標	得分	評論
績效	★★★★★	在1967年到1995年之間，史坦哈德的基金創造出豐厚的報酬，讓他累積出預估有10億美元的財富。
長期性	★★★★★	史坦哈德管理資金將近30年，並持續參與財務金融圈。
影響力	★★☆☆☆	史坦哈德是知名的慈善家，也是早期的避險基金經理人。但他對於投資的影響仍然有限。
複製投資方法的難易度	★★☆☆☆	史坦哈德運用槓桿下注，通常不建議散戶投資人這樣做。他也從大宗交易策略中賺了一些錢。
總分		14 顆星

第5章

只要菸屁股還能吸一口，都有買進的價值

價值投資之父

班哲明・葛拉漢（*Benjamin Graham*）

投資策略百百種，但主要可以分為成長型與價值型兩種。價值型投資這門藝術是班哲明．葛拉漢提出的，祕訣**是在股價低於其「內在」（intrinsic）價值時買進**。確實，葛拉漢對於這一派的投資影響深遠，華倫．巴菲特（曾親受葛拉漢的指導）在一九八四年時發表過一篇著名的論述，概論頂尖價值型經理人，他就把標題命名為〈來自葛拉漢與陶德投資園地的超級投資人〉（*The Superinvestors of Graham and Doddsville*）。當然，葛拉漢不僅提出價值型投資的理論，他還身體力行，替他的投資人賺了很多錢。

葛拉漢於一八九四年時生於倫敦，一年後舉家移居紐約。葛拉漢雖然必須打好幾份工幫忙養家，但一直都是明星學生。然而，由於行政作業疏失，導致他無法申請獎學金進入哥倫比亞大學（位於紐約市曼哈頓上城晨邊高地的世界頂級私立研究型大學），就算他的入學考試表現再好都於事無補。他曾短暫就讀於紐約城市學院（City College of New York），並在一家電氣公司任職，之後重新申請入學，終於拿到獎學金。他不僅在兩年半內就完成學位，畢業時還在好幾個系拿到講師職位。

但葛拉漢反而認為對他來說，最好的事業就在華爾街。在哥倫比亞大學校長的推薦下，他在券商紐柏格．亨德森與洛布公司（Newburger, Henderson and Loeb）的債券部門找到工作。他一開始雖然只是一名傳訊員，但很快就升遷，六年內成為公司合夥人。然而，一九二三年時他決定自立門戶，替私人客戶管理資金。在一九二六年，他和傑洛米．

紐曼（Jerome Newman）合作創辦兩家投資合夥事業，分別為：班哲明・葛拉漢聯合帳戶（Benjamin Graham Joint Account），也就是後來的葛拉漢紐曼公司（Graham-Newman Corporation），以及紐曼與葛拉漢基金（Newman & Graham fund）。這兩家機構營運超過三十年，一直到他退休為止。

雖然選擇投身華爾街，但葛拉漢並未放棄學術，自一九二八年開始就在哥倫比亞商學院教授商業課程，一直到一九五五年。他有很多學生都成為成功的基金經理人，最知名的要屬巴菲特（他也曾短暫任職於葛拉漢紐曼公司）。這一門課，也成為一九三四年投資經典《證券分析》（*Security Analysis*）一書的基礎（這是他和大衛・陶德〔David Dodd〕合寫的書）。這本書的目標讀者主要是金融分析師，他之後又寫了《智慧型股票投資人》（*The Intelligent Investor*）一書，於一九四九年出版，這次的用意是要把價值型投資介紹給更廣大的群眾。本書暢銷且備受歡迎，葛拉漢修訂四次，直到他一九七六年去世前不久，還曾動筆修改過。

只要菸屁股還能吸一口，都有買進的價值

在《智慧型股票投資人》一書裡，葛拉漢駁斥了幾個流行的策略，例如掌握市場時機

以及成長型股票（他稱之為「長拉型選擇」〔long-pull selection〕）。他認為，無論是針對個股還是整體市場，**試著抓時機就是一種「投機」，投機的時候，投資者就「完全沒有犯錯的空間」**。同樣的，雖然他認同「精挑慎選的公司，幾年下來獲利可以成長三倍、股價可以上漲四倍」，但也指出「在最好的情況下，推估企業的長遠未來，也就只是『有部分憑據的猜測』而已。」此外，「如果企業的利多前景明顯浮現，那麼，幾乎都已經反映在股價上，而且通常都折價折過頭。」

反之，葛拉漢主張，投資人最好的機會，來自於達成「物超所值的目的」（bargain purpose），他對此的定義是「股票的價格遠低於其真實價值，衡量的標準則是可靠的技術性指標。」成長型股票經常因為過度樂觀而被高估，同樣的，營運不佳的企業股價，有時也會因為大眾對他們太沒信心而被低估。確實，他主張「當個別的企業或產業開始在經濟體中失寵，華爾街很快就假設其未來完全無望，不管跌到什麼價格都別買。」而葛拉漢建議這就是最佳的進場時機。

葛拉漢主張，一般而言，股價的行為就像是一名古怪的事業夥伴（姑且就稱之為「市場先生」），它願意提報某個價格成為你手中擁有的股份。有時候，他認為公司的價值「在業務發展與前景的支撐下，價格相當不錯，和你的認知一致。」但有時候，「它放任自己的樂觀或恐懼失控，開給你的價錢根本荒謬。」因此，當市場先生認定的價格低時，你就該買進這家公司的股票；當他「報給你高到誇張的高價」時賣回給它，這麼做確實是合情合理的。

葛拉漢相信，有兩種方式可以**找出一家公司的內在價值**，一種是使用各種估計價值的技術，通常**以未來的利潤成長趨勢為核心**。他同意前景較佳的企業可以有較高的股價，但是他覺得投資人**從本益比較低的股票中**，比較有機會**找到物超所值的標的物**。他特別喜歡稱之為「菸屁股」（cigar butt）的股票：這種市場深深厭惡、股價與資產淨值（指資產減去負債）相比，大幅折價的股票。

確實，葛拉漢過世之前曾說，想要打敗大盤，唯一不會失敗，又讓人可靠滿意的方法，就是買進超級便宜的企業股票。因為現在股票的研究，數量多如牛毛，這代表證券的分析技術，已經無法再創造出足以證明價格合理的卓越選股。

葛拉漢也很相信他所說的「安全界限」（margin-of-safety）概念。**只要是估值，就算在最好的情況下，也只是有根據的猜測**。因此他相信，股價被大幅低估的企業才值得投資。很多時候，**比較好的辦法是耐心等待「絕佳」的機會出現，而不要妥協於「剛好」的機會**。其他的價值型投資人如巴菲特和賽斯·卡爾曼（Seth Klarman）都同意此觀點。

股神的師傅葛拉漢，也曾賠到無償工作

葛拉漢的基金公司大致上遵循這兩項價值型投資策略，但很重要的是，我們也要知道他會用另外兩項技巧相輔相成，那就是可轉債套利（convertible arbitrage）和併購套利（merger arbitrage）。併購套利涉及的是買入即將被併購（與賣出即將進行併購）企業的股票，預期併購拍板定案時，被收購企業的價格會上漲。可轉債套利的重點是，與普通股相較之下，可轉換形式的債券（這類債券可轉換成股票），有時候估價會比股價還要低。若是如此，他就會做空股票並買入可轉債。

葛拉漢紐曼公司最初十年的績效並無紀錄，但葛拉漢坦承，雖然這檔基金一開始表現不錯，但是因為一九二九年華爾街大崩盤而受到嚴重打擊。確實，在崩盤後的前三年公司的市值蒸發了七成，但與整體市場相比之下已經算還好了。葛拉漢承認，有一部分的問題是他過於得意忘形，借錢買入更多股票，期待讓報酬更上一層樓，但卻事與願違。葛拉漢與紐曼兩人曾因此暫時被迫無償工作，以彌補投資組合的價值虧損。

自從聯合帳戶以葛拉漢紐曼公司之名，一九三六年重新成立，直到一九五六年結束為止，在這二十年期間，投資人得到的平均年報酬約為二〇％（資料來源是根據葛拉漢的書，一九七三年再版的《智慧型股票投資人》）。這些報酬的形式多是每年發放的高額

股息，因為葛拉漢相信，當基金的價值過高，就很難找到好的投資機會。確實，即便到一九五六年，基金的淨資產（資產總額減去負債以後的淨額）也只有六百六十萬美元（以二〇一五年的價值來算，約為五千七百六十萬美元）。二〇%的報酬率遠遠高過大盤績效，而當時大盤的年報酬率僅有一〇%。

上有政策，下有對策——葛拉漢最成功的投資

葛拉漢最出色的成績，是投資政府員工保險公司（Government Employees Insurance Company），簡稱蓋可（GEICO）。當時，蓋可是一家新興的保險公司，專營銷售保險給政府員工。蓋可獲利的時間比預期早了八年，盈餘的成長速度很快。一九四八年時，這家公司決定從德州搬到華府，以便更貼近顧客，持有七五%公司股份的銀行家克利佛斯・瑞亞（Cleaves Rhea）因此決定出脫所有股權。

當時的保險業剛要脫離高通膨的環境，這表示保單支付的保險金額遠高於收取的保費，因此整個保險業都非常不受生意人歡迎。這也讓葛拉漢紐曼公司有能力買進約三分之一蓋可的股權。葛拉漢固然是因為該公司的股價大幅低於每股資產淨值，因此判斷這是一項價值型投資而受到吸引，但他也發現，該公司利用郵購銷售以降低成本，而且其目標客

群大致上很穩定，因此有優於其他公司的競爭優勢。

確實，葛拉漢極度看好這家公司，因此不顧基金單一投資標的，不得高於基金資金總比例五％的規定，他動用基金四分之一的資產，收購半數瑞亞（原持股公司）釋出的股權（超過蓋可整體價值的三分之一）。由於投資公司按規定僅可持有任何保險公司一〇％的股份，美國證券交易委員會（SEC）因而試著否決這樁交易。但葛拉漢沒有賣掉蓋可的股份，而把持股拿來再投資，**找個方法繞過了規定**，把購得的所有股份當作特別股利，直接發給投資人。

葛拉漢與紐曼兩人繼續緊抓這家公司，葛拉漢還於一九四八年到一九六五年加入蓋可的董事會。他在一九七三年版的《智慧型股票投資人》說，就算增值的速度快過利潤的成長率，亦即**一開始行情就遠高於合夥人公司的投資評估標準**，他仍然會這麼做。

然而，由於某種程度上他們把這家公司當成「家族事業」，即便股價飛漲，他們仍握有大量股份所有權。後來證明這是明智的抉擇。光從一九四八年到一九五六年，這段期間蓋可的股價就漲了十倍（年報酬率為三三％）。從一九四八年到一九七二年的高峰，蓋可的價值漲幅更超過五百倍。整體來說，就像葛拉漢自己說的：「這項單一投資決策產生的總和利潤，遠遠超過合夥企業二十年間，在各專營領域的操作利潤總額。」

發掘被低估的價值，帶來高額的報酬

大量研究支持葛拉漢的理念，也認同投資低本益比與低股價淨值比（price-to-book）的股票能創造出高於大盤的報酬。例如，紐約大學（New York University，縮寫為ＮＹＵ，美國紐約市曼哈頓的研究型私立大學。全美國境內規模最大的私立非營利高等教育機構。）的阿斯瓦茲．大摩德朗（Aswath Damodaran）便發現，在一九五二年到二〇一〇年間，本益比落在最高級別內的個股，之後賺得的報酬每年平均不到一五％，反之，本益比落在最低級別內的個股，年報酬率近二五％。同樣的，一九二七年到二〇一〇年間，股價淨值比落在最高級別的個股年報酬率為一一％，相較之下，最低級別的則為一七％。

甚至有證據明顯指出，本益比能用來預測未來整體的市場走向。先鋒基金管理公司（Vanguard）的約瑟夫．戴維斯（Joseph Davis）在二〇一二年做了一項研究，發現一九二六年到二〇一一年間本益比和美國股市、以及之後的十年期實質報酬之間的負相關性很強，相關係數值為零點三八。反之，諸如預估國內生產毛額（ＧＤＰ）成長率、過去股市報酬、十年期債券殖利率，甚至利潤的成長率，都少有、甚至沒有辦法合理解釋股價。

然而，葛拉漢**收購蓋可的經驗顯示，堅守投資策略雖然很重要，但是偶爾保有靈活度也能帶來高額報酬**。

投資我最強——班哲明．葛拉漢

指標	得分	評論
績效	★★★★☆	葛拉漢和紐曼合夥的最後 20 年裡，以極大的差距輕鬆打敗大盤。但是，基金的價值卻因為華爾街崩盤而大受打擊。有一點很重要、也該提到的是，該基金規模以現在標準來看很小。
長期性	★★★★★	葛拉漢與紐曼兩人合夥從事各種投資持續逾 30 年。
影響力	★★★★★	葛拉漢被視為價值型投資之父，這主要歸功於他的兩本作品：《證券分析》與《智慧型股票投資人》。他也透過在任哥倫比亞大學教職直接影響了許多知名投資人，其中最著名的是巴菲特。
複製投資方法的難易度	★★★★☆	買進本益比低、或是股價低於淨資產價值的股票，是相對最直接了當的策略，如果有現成的股票篩選工具可用的話更是如此。 現在甚至還有指數股票型基金商品（exchange-traded fund，提供投資人參與指數表現的指數基金），讓你可以有效的買進一籃子具備這些特色的股票。
總分		18 顆星

第6章

股價下跌也開心——只要了解公司的價值

世界上最成功的投資者

股神——華倫・巴菲特（*Warren Buffett*）

投資世界裡真正的仕紳名流並沒有這麼多，這並不讓人訝異。早在二〇〇八年金融危機之前，金融界人士就經常成為被咒罵與懷疑的箭靶，而不是稱讚的對象，但巴菲特是例外。他的控股公司波克夏海瑟威，每年都在美國內布拉斯加州奧瑪哈（Omaha, Nebraska）舉辦股東會，這是一座沉靜的中西部小鎮，但每年仍有多達四萬人專程飛過來，聆聽巴菲特回答問題。這當中包括大量的海外投資人，二〇一六年時，估計有三千名中國人與會。確實，這場股東會極受歡迎，因此有人將此稱之為「資本家的胡士托嘉年華」（按：胡士托，Woodstock，是一個吸引了四十萬人次的音樂節，《滾石》（*Rolling Stone*）雜誌稱它是五十個搖滾樂史上重要轉捩點的其中之一）。

巴菲特是名流，也是世人眼中的老派政治家。在九一一恐怖攻擊後，他被推上檯面安撫美國民眾的心，告訴大家投資股市仍是個好主意。即便是最平淡無奇的意見，只要是他說出口的，一定都會登上頭條。最能說明他所受敬重的範例，當屬二〇〇八年十月金融海嘯正激烈發生的時候。當人們嚴正質疑資本主義能否生存之際，兩位總統候選人都建議由他取代亨利．鮑森（Henry Paulson），成為美國的財政部長。

為何他如此受歡迎？他的說服力有一部分來自於世人認為他很務實。即便他坐擁幾十億美元，但仍住郊區的房子裡，開著相對平民的車款。他也是眾人眼中的慈善家，二〇〇六年承諾過世時基本上要把豐厚的個人財富全數捐做慈善。然而，他的說服力中的關鍵因素是他的投資能力，五十餘年來持續勝過大盤，他用的是許多人認為很簡單的「入門」投資技巧（但實際情況其實比較複雜一點）。**巴菲特的投資生涯比任何人都能傳達出一個簡單訊息：如果他能打敗大盤，那你也可以。**

波克夏海瑟威原本是一間紡織工廠

巴菲特於一九三〇年生於內布拉斯加州的奧瑪哈。父親原為股票經紀人，後來轉任國會議員，而巴菲特很早就展現創業特質，在學時就經營過幾項事業，賺的錢足以買下一座農場，並和他的父親一同投資。他也對賽馬極感興趣，還成為一位技術高超的賭徒。他曾在華頓商學院（Wharton，美國賓州大學旗下的一所商學院，被公認為世界頂級商業教育的機構之一）讀過兩年書，最後在內布拉斯加大學（University of Nebraska，美國中部內布拉斯加州的最主要的公立大學系統）完成商業學位，期間他開始投資股市。他讀過《證券分析》與《智慧型股票投資人》，然後就申請哥倫比亞商學院，因為葛拉漢和陶德都在那裡任教。

巴菲特是個成績斐然的學生，在攻讀企管碩士時和葛拉漢以及陶德相處融洽。然而，雖然他提出願意在葛拉漢紐曼公司無償工作，但是被拒絕。他回到奧瑪哈，開始在他父親的公司裡擔任股票經紀人，也開始在內布拉斯加大學夜間部教授投資課程。巴菲特不斷向葛拉漢請教投資想法，於是葛拉漢的態度鬆動了，一九五四年時聘用巴菲特擔任分析師。這份職務要針對葛拉漢想買進的各家公司做大量研究，也包括要親自登門探訪。

巴菲特樂在其中，後來曾說這份工作給了他很寶貴的經驗。然而，在他被聘用大約一年後，葛拉漢就告知巴菲特，自己即將退出投資界。為了讓公司在他離開後還能繼續運作，葛拉漢讓巴菲特成為共同經理人。其中的為難之處，是巴菲特必須聽命於葛拉漢合夥人的兒子傑瑞．紐曼（Jerry Newman）。巴菲特判斷由他自己主掌大局的時機來了，於是他拒絕了這項職務，希望回到奧瑪哈開始自己的合夥事業。

巴菲特一回家鄉就創立了幾家合夥投資事業，其中最重要的一家是巴菲特合夥人有限公司（Buffett Partners Limited，簡稱ＢＰＬ），營運期間為一九五六年到一九七〇年。然而，到了一九六〇年代晚期，他覺得股票太貴了，會減損他賺得豐厚報酬的機會，也讓他當時所用的「菸屁股」投資法（下一節會詳加說明）變得更難以實行。他結束巴菲特合夥人有限公司，建議投資人改投資債券（債券在接下來十年表現很出色）。到了此時，他的工作重點都放在波克夏海瑟威公司。

波克夏海瑟威原本是一家紡織製造商，巴菲特在一九六四年**當作價值型投資標的買了下來，但他很快就明白**，如果繼續維持紡織工廠的方式營運，**這家公司未來是一片黯淡，**

因為國內與海外的工廠競爭激烈，可能導致整個產業流血砍價。因此，他把這家企業轉換成掌管手下投資的控股公司，當成避險基金經營。後來的五年，巴菲特持續經營基金，但由一九七八年加入的查理・孟格（Charlie Munger）擔任資深顧問。其他基金經理人管理子公司（例如路・辛普森〔Lou Simpson〕管理蓋可保險），對這家公司的成績也頗具貢獻。

價值型也買，成長型也買，直接買下一間公司更好操作

巴菲特是葛拉漢的學生，一開始遵循葛拉漢買進便宜公司的策略。確實，巴菲特合夥人有限公司曾**專注於名為「菸屁股」的股票**，這指的就是**股價與資產淨值相對之下大幅折價的公司股票**（這就像找到人家不要的、抽到剩半截的菸屁股，引用巴菲特的話：**「菸屁股雖然看起來醜陋軟溼，但是不用花錢。」**）

巴菲特大量買進這些他稱之為「將領」（general）的、價值被低估的個股（按：巴菲特將股票分為三個種類：第一類為「將領型」個股，是指被低估的個股，數量最龐大，是投資的主力。第二類是後文所說的「努力型」個股。第三類「控制型」個股，目的在於控制標的公司），然後靜待市場氛圍好轉，帶動股價上漲到可觀的停利點。然而某些時候，巴菲特會善用他在某家公司的持股，加速獲利的流程。

這個步驟是將該公司的根本業務與價值資產分拆。有些時候會發現本業無利可圖，因此必須結束投資。多數時候，其他的資產本質上都是金融資產，因此可以在不影響營運之下將兩者分開。舉例來說，巴菲特合夥人有限公司曾收購一家，持有大量股票與債券的地圖製造商（股票和債券不會被用來支應任何營運成本或負債）。後來發現，比較容易的做法是要買下其他股東的股份，然後把標的公司的投資組合和其他業務分拆。

同時間，巴菲特合夥人有限公司大約有三分之一的投資組合，都注入在「努力型個股」（workout），也就是現今所稱的「併購套利」。與收購公司提出的價格相比，這些公司的價格通常都是折價出售。巴菲特買下這些公司，冀望完成交易後的股價漲幅，可以遠遠超越交易失敗的風險損失。

然而，經營波克夏海瑟威時，他的策略兩個主要面向也開始出現變化。首先，他開始不再買進股價低於資產淨值的超級廉價股，**轉向雖然便宜，但公司前景紮實的股票**。之後，他進一步開拓這個領域，連本益比和市場其他股票相同的個股也買，前提是他覺得公司的長期展望要夠好。當然，巴菲特主張，他仍遵循基本的價值型策略，買進股價低於實際價值的公司，唯一的差別是，他現在也願意買進較高價格但表現出色的公司。

當然，巴菲特在成長型與價值型投資之間妥協轉變很有限。比方說，他會遠離科技股，或是任何看起來太過複雜的產品。他反而會把焦點放在較容易理解的產業，比方說零售與保險。這麼做讓波克夏海瑟威創造出可以二次投資的大量現金。確實，他非常看重一家企業有沒有**「護城河」**（moat），他用這個詞來**象徵企業在法律上或營運上的優勢**、阻止競爭對手進入並壓低獲利的能力，這也使得他投資的企業能提高產品價格抵抗通膨，從而增進營收成長。

另一項重大變化，是他慢慢遠離上市股票，在這些股票變得太貴時賣出，轉而買進整家公司並繼續持有。會這麼做的原因，是因為隨著波克夏海瑟威的資產增加，巴菲特發現持有一小群中型企業少數股權的操作方法越來越難執行，乾脆把整家公司買下來，他就可以將投資組合維持在相對集中的狀態，又不會限制他只能投資績優股。保險業是巴菲特最愛的類股之一，買下保險公司還有另一個好處：可用公司收取的保費轉而投資價值型類股，賺得高額報酬以備不時之需。

波克夏海瑟威已經大到難以操控

無論是身為虔誠的價值型投資人，還是轉變成相信價值型與成長型並非互斥的投資人，巴菲特都成就非凡。從一九五七年初開始到一九六九年底，巴菲特合夥人有限公司的年報酬率稍低於三〇%。雖然合夥協議上載明巴菲特可以分走基金的部分利潤，但一般投資人得到的報酬率也相當於每年二三・八%，比道瓊指數（Dow Jones）的表現好多了，後者同期的年報酬率僅有七・八%。這表示，投資一萬美元到該基金，十三年後價值將近十五萬美元，以任何角度來看，這都是讓人刮目相看的報酬。

波克夏海瑟威也蓬勃發展，從一九六五年到二〇一五年底期間，該公司的股價年成長率達二〇・八%。同樣的，這也大幅高過標準普爾五百指數（Standard & Poor's 500，S&P 500），後者同期間的平均年成長率僅為九・七%。如果換算成金額，這表示在一九六五年初如果投資一千美元到波克夏海瑟威，到了二〇一五年價值為一千五百九十八萬美元。確實，如果你在巴菲特合夥人有限公司成立之初就投資一千美元，然後在一九七〇年初將你的錢投資到波克夏海瑟威的股份，現在的價值則為六千八百五十二萬美元。二〇一七年一月，波克夏海瑟威的市值為四千零六十九億美元。這樣一貫的績效表現，讓巴菲特累積出大量財富，《富比士》雜誌推估有七百一十億美元。

這些數字令人讚嘆，因此，要說巴菲特最近的表現沒有這麼出色，好像有點不厚道。自二〇〇八年初，波克夏海瑟威就落後市場，總報酬率僅有七二・四%（截至二〇一六年底），相較之下，大盤的總報酬率為八五・五%。若以平均來看，這相當於年報酬率為六・二%，而標準普爾五百指數的年報酬率為七・一%。巴菲特本人認為問題出在波克夏海瑟威的資金規模過於龐大，讓他很難再找到可以複製過去獲得豐厚報酬的投資模式。

買進了，就別輕易脫手，否則少賺八十倍

最能闡述巴菲特投資風格演進的投資，便是蓋可保險。前一章提過，在二次大戰之後，由於整個保險業表現都不好，這家公司的價格也因此遭到壓抑。一九五一年，年紀輕輕、仍在哥倫比亞大學讀書的巴菲特，發現了葛拉漢是蓋可公司的董事之一，因此他決定要親自研究這家公司，包括拜訪公司的各地辦事處。在設法和總裁助理（此人後來成為執行長）會談後，他明白該公司雖然目前本益比僅有七倍，但潛力無窮。

巴菲特不僅自掏腰包投入一萬零兩百八十二美元在這家公司（幾乎是他總財產的三分之二），也在金融期刊（《商業金融紀事報》〔*The Commercial and Financial Chronicle*〕）撰寫一篇關於蓋可保險的文章，在他短暫的股票經紀人生涯期間，更不斷向客戶推薦這家公司。但在這家公司的股價飛漲之後，他犯了一個錯，一年後他把股票給賣了。他雖然因為這項投資拿回一萬五千兩百五十九美元、報酬率超過四八％，卻錯過了之後二十年的漲幅。確實，如果他沒有賣出，這筆投資將會翻漲八十倍，遠高於葛拉漢紐曼公司或巴菲特合夥人有限公司的報酬。

然而，一九七六年時，巴菲特有機會可以彌補這個錯誤。由於通膨、政府法規和財政過度擴張，一九七五年時蓋可保險首度出現虧損。同時間，一樁刊載不實利潤的醜聞毀了

市場對這家公司的信心。由於前述種種理由，再加上股市崩盤，蓋可保險的股價從高點的六十一美元跌到只剩兩美元。此時，巴菲特再度對這家公司提起興趣，並認為這是一項價值型投資。他根據自己的分析，查明這間公司的會計問題不像一般大眾認為的那麼嚴重，而且透過其目標市場以及低成本的銷售技巧，這家公司相對於競爭對手仍大有優勢。

因此，他開始買進這家公司的股票，一開始買入兩千三百五十萬美元，當中有普通股也有可轉債。接下來四年，他持續投入資金買進這家公司。到了一九八〇年，他已經持有蓋可三分之一的股權。不同於一九五〇年代的是，這次他決定就算股價起漲也要堅守不放，他相信成長潛力可以支撐更高的股價。到了一九九四年，股權的價值從一億零五百萬美元成長為十六億八千萬美元，十四年間翻了十六倍，光以資本增值來看，換算下來的年平均報酬率便有二一．九%。

巴菲特最終在一九九五年買下這家公司。雖然無法計算目前的價值，但有一個指標可以看出這家公司的優勢，那就是過去二十年來承保收入成長了五倍。蓋可保險的營運利潤很高，再加上承保收入（稱為浮存金〔float〕）基本上可以在免息的條件下，再用來投資，因此，大可總結這家私人公司對於波克夏海瑟威來說，是一項成果豐碩的投資。

只要了解公司的價值，縱使股價下跌也開心

巴菲特的投資風格經歷了大幅的變動，最初創辦巴菲特合夥人有限公司時，是虔誠的價值型投資人，後來變成投身於成長型的投資人，因此不同類型的投資人都可以從他身上學到心得。聚焦於價值型的投資人會指出他過去的成就，並且當成範例，說明買進股價低於公司淨值的股票可以賺錢。反之，成長型的投資人則會宣稱，他的成就來自於買進能捍衛自身市場的好企業，因此，就算時機不好，仍然可以創造出表現優良的現金流。

事實上，就算巴菲特轉向投資成長型類股，其實他更重視價值。巴菲特本人曾經說過，他轉往成長型與持有整家公司的股權（而不只是購入股票）比較像是順勢而為，而不是自由選擇的結果。他也說過，如果可以不受限制，他還是會遵循他經營巴菲特合夥人有限公司那些年，選用深入的價值型投資法。一九九九年接受專訪時他說：「我在一九五〇年代賺到的最高報酬，我打敗了道瓊指數，你應該去看一看實際的數字。但是那時候我的投資金額很小，不用大舉投資是一大結構優勢。**如果只投資一百萬美元的話，我可以一年給你五〇%的報酬率。**」

然而，巴菲特有很多關於投資的建議，依然能夠套用在任何類型的投資上。舉例來說，他相信要**了解一家企業的根本特質，最好的辦法是著重在資產條件，而非管理階層。**

他曾經直率的說過：「以出色卓越聞名的管理團隊，配上財務狀況不佳的企業，不變的只有企業的名聲。」

巴菲特也說，股東持有的股票如果暫時下跌，也不應恐慌。消費者會因為商品價格下跌而感到欣喜，因為這讓他們可以用更便宜的價格買到更多的數量，同樣的，**股東也應該抱持正面態度，來面對自己持有的股票價格下跌，因為這樣他們就能買進更多便宜的股票**。對於像李佛摩這類短線交易員來說，這種態度會讓他們急到拔腿就跑，但對於長線投資人來說，這種策略很有道裡，最後也能增進豐厚的報酬。

投資我最強——華倫·巴菲特

指標	得分	評論
績效	★★★★★	雖然過去10年的績效相對普通，但波克夏海瑟威自1960年代中期以來，每年都勝過大盤5%，即便計入不利的稅賦制度後仍能勝出。巴菲特之前的合夥事業績效更好。
長期性	★★★★★	巴菲特經營過各種不同的投資合夥事業與基金，期間逾60年。
影響力	★★★★☆	巴菲特的成功讓他成為華爾街的代言人。在此同時，很多基金經理人也宣稱遵循他的策略，也有很多採用完全不同策略的經理人表示，自己的投資受到他的啟發。
複製投資方法的難易度	★★★☆☆	巴菲特自1990年代開始就脫離單純的選股，使得波克夏海瑟威的多數資產淨值都是非公開上市公司。然而，他以便宜的價格買進好公司、建構集中投資組合的策略，相對比較容易仿效。
總分		17 顆星

第7章

大量的研究，才能找到真正便宜的價值股

歐洲股神、無聲殺手

安東尼・波頓（*Anthony Bolton*）

英國股市規模較小，再加上該國傳統社會不喜歡談錢，這表示英國很少有像大西洋彼岸的美國，那種高調的基金經理人，但這並不意味著英國基金經理人表現比較差。事實上，不管是以時間長短或績效高低來看，安東尼・波頓的實績都讓他躋身偉大的投資人之列。你甚至可以說，他是比巴菲特更出色的投資人典範，因為**他僅投資上市公司，而且只聚焦於價值型股票，這就和巴菲特不同了，巴菲特後來慢慢的不再投資廉價的上市公司，轉為偏好更傳統的績優成長股**。

波頓生於一九五〇年，在劍橋（University of Cambridge，座落於英國劍橋郡，在中世紀建立的研究型大學）攻讀商業與工程。他覺得這個科目很無趣，一開始對於自己的事業生涯毫無打算，考慮要走一般性的管理工作。而在某次工業集團寶僑（Procter & Gamble，消費日用品公司）提供學生參觀的開放日上，主辦人給了波頓機會踏進財務部門，同時也拿到更好的薪水。一位家族親友則推薦他進倫敦城金融區，主張波頓可以藉此學會有用的技能並藉此建立人脈。

同樣也是在家族親友的幫助之下，波頓轉而在投資銀行基瑟烏曼銀行（Keyser Ullman）工作。他一開始是儲備幹部，做的是庶務工作，包括發送訊息和傳遞銀行的公債標單（有一次因為他的折法不正確讓標單被拒絕收取）。之後他的工作轉成擔任各個基金經理人的助理。然而，這家銀行自一九七〇年代中期開始出現財務問題，最後於一九七五年倒閉。

之後，波頓又轉到史勒辛格投資管理公司（Schlesinger Investment Management）任職，他在這家公司累積出直接管理資金的經歷，參與過好幾檔基金投資。後來一位凱瑟烏曼銀行的前同事向他招手，他從一九七九年十二月開始管理富達（Fidelity，美國跨國金融服務公司）的特殊情況基金（Special Situations Fund）。他經營這檔基金二十八年，二〇〇七年才離開。他在短暫的退休期間寫下了《逆勢出擊：安東尼．波頓投資攻略》（*Investing Against the Tide: Lessons From A Life Running Money*）一書，二〇一〇年時又回來經營富達中國特殊情況基金（Fidelity China Special Situations fund）。二〇一四年他再度退休，現在兼職指導其他投資經理人。

單純的選股人，如何成了無聲殺手？

波頓說，買股時他會考慮各種因素，包括：管理、公司動態、財務、收購的可能性、資產價值，甚至是股價的趨勢。然而他相信，**想要打敗市場，唯一的方法就是行為要和市場相反**。也因此，他是個逆勢操作型的價值投資人，**尋找股價本益比低、市場看法也過分悲觀的廉價、爹不疼娘不愛型的股票。他特別有興趣的是小企業以及「逆轉情境」**，後者是指已經在經營方式上做出重大改革、但仍被市場忽視的企業。反之，他高度質疑每個人都看好的企業。確實，他說過，雖然他對於外部經紀人或分析師所提的意見抱持開放態度，但如果有幾個人都慫恿他買同一檔股票，他就不碰。這是因為，他擔心這種極度的樂觀很快會擺盪到相反方向，把這檔股票變成「賤民股」，導致股價掉到谷底（到這個時候，他可能就有興趣了）。大致上來說，他覺得當很多分析師都在研究某一家公司時，很難有什麼新亮點。

要確認一家公司是否值得投資，波頓會做很多由下而上的研究，鑽研公司的業務模式和前景，包括定期和公司的資深管理階層詳談，尤其是執行長和財務部門主管。確實，他估計自一九八七年以來的二十年間，他光是為了特殊情況基金就至少進行過約五千場公司訪談。波頓相信要盡量多觀察企業，他的原則是，看的公司越多，就越能找到物超所值的標的。即便他持有的股票檔數不斷增加，他還是相信要把大部分的時間花在從事他所謂的「攻擊型研究」（offensive research），意指尋找新的投資機會。

當然，這不表示他就不管已經投資的公司。雖然他主要的身分是選股人，但是由於旗下基金的規模越來越大，迫使他必須去持股企業參與公司治理與決策等相關事務。這種情況在小企業特別明顯，富達投資公司經常在這類公司成為最大或次大的投資人。很多時候，要在短時間出售大量股份、又不至於對價格造成負面影響，是很困難的事。因此，波頓覺得比較有效的方式，通常是先試著**從內部改善績效不彰的企業**。

波頓的行動主義最知名的範例，或許要從卡爾頓通訊（Carlton Communications）與格瑞那達（Granada），這兩家獨立電視台，合併成為一家獨立電視台（ITV Plc）的案子開始看起。富達在這兩家公司都是大股東，波頓對於這樁交易的支持，是合併過程中的重要推手。然而，二〇〇三年時他反對卡爾頓通訊公司的麥可・格林（Michael Green）出任獨立電視台的執行長，更領頭與其對抗。本次的行動成功了，並替他贏來「無聲殺手」（The Quiet Assassin）的綽號。

從不列顛群島到歐洲大陸，他都贏！

波頓前述的策略看起來大為成功。一九七九年十二月時，如果投資一千英鎊買進富達特殊情況基金，等到二十八年後他離開時，這筆錢會增值成一百四十五萬英鎊，這相當於年報酬率達一九・五%；相較之下，同期間富時指數（FTSE，富時集團〔FTSE Group，是英國提供股市指數及相關數據服務公司〕根據在倫敦證券交易所上市的最大的一百家公司表現而製作的股價指數）的年報酬率為一三・五%。這樣的成績，並不是來自於一、兩年特別凸出的績效而拉大了差距：從一九八〇年到二〇〇五年底，在這二十六年間，波頓有十九年都贏過大盤。雖然這檔基金在二〇〇六年時一分為二，屬於英國的部分（由波頓管理）二〇〇七年時的價值，仍有三十億英鎊。

特殊情況基金的投資焦點幾乎都只放在英國，但波頓出色的績效也延伸到其他市場。從一九八五年十二月到二〇〇二年底，他也是富達歐洲基金（Fidelity European Fund）的首席經理人。雖然這檔基金遵循主基金的投資策略，但幾乎涵蓋了歐洲所有極具潛力的投資標的。在波頓主事的十七年間，年報酬率為一九%，一開始投資一千英鎊，到最後會增值到將近兩萬英鎊。大歐洲市場這段期間的年報酬率僅有一〇%，波頓打敗指數的幅度比他管理的英國基金還要高。

成功避開網路泡沫，大贏大盤三一%

波頓最成功的投資是士克瑞克保全公司（Securicor），一九八〇年代末期與一九九〇年代中早期，這檔個股是他的投資組合中最大的資金部位。雖然士克瑞克的主業務是保全，但波頓明白，士克瑞克真正的價值，是持有先驅行動網路瑟內特公司（Cellnet）的共同所有權，這是一家由士克瑞克和英國電訊（BT）在一九八五年共同創辦的公司。士克瑞克手上的瑟內特股份，在一九九九年網路科技熱潮達到高點時，以三十一億五千萬英鎊售出。雖然波頓在此之前早就賣掉了士克瑞克的股份，然而，在一九八九年到一九九六年間，士克瑞克的股價可謂突破天際的飆漲。

除了選對特定個股之外，波頓也做了一些傑出的類股選擇，在一九九〇年代末期，網路泡沫極盛時避開了科技類股，也因此二〇〇〇年大盤總值下跌六%時，他的基金反而大賺了二五%，報酬率足足比市場高了三一%。當然，在二〇〇〇年到二〇〇二年科技股崩盤之後，很多股票變得相當廉價，就連身為逆勢操作者的波頓，都在撿便宜大舉買進，讓富達特殊情況基金在二〇〇三年到二〇〇五年都表現得非常出色。

在中國市場跌了一跤，但是績效還是勝過大盤

但波頓也有過一次嚴重的失足。二〇〇九年，他決定重返基金管理界，二〇一〇年四月推出一檔信託投資商品「富達中國特殊情況基金」，欲將波頓的價值（型）導向、逆勢操作方式套用到中國市場，冀望的是中國強勁的成長與消費市場的崛起，可以帶動中小企業。波頓之前的成績讓投資人蜂擁而至，因此一開始就募得了四億六千萬英鎊。除了一．五%的管理費之外，這檔基金還要向投資人額外收取績效相關費用，即便如此，仍募得滿手資金。

起初，這檔信託投資商品表現得很出色，股價在短短幾個月內就上漲二〇%。但對波頓來說，最遺憾的是這種盛況並沒有維持長久。二〇一〇年秋天開始，該基金的投資組合價值暴跌，而且期間長達一年。因此，一開始願意溢價購買股份的投資人恐慌了，信託的股份價格不斷下跌，從高峰到谷底整整差了四〇%。波頓宣稱，他被投資的幾家公司管理階層誤導，並將下跌歸咎於市場景氣（整體市場也在跌，但幅度沒這麼大）。即便費心解釋，但波頓在媒體上仍飽受抨擊，尤其是這檔基金為了提振報酬還借貸操作（損失也因此擴大）。他最後在二〇一四年三月底時離職，距離他成立這檔基金不到四年。然而，他的績效其實沒那麼差，雖然該基金的年報酬率僅有六．三%，但同期大盤卻下跌了五．七%。確實，投資組合的價值還成長了一八．六%（因為投資基金是在股市交易，因此實際股價和基金價值通常會有些許差異）。

大量的研究，才能找到真正便宜的價值股

波頓的投資生涯，說明了**小型股和價值導向的投資可以成為強力工具**，如果你有能力找出即將重整旗鼓的公司更是如此，因為這將帶來兩項益處，一是獲利成長，二是信心氛圍好轉。但值得一提的重點是，波頓並非盲目買進本益比低的企業，反之，他會進行諸多

研究，讓他判斷考慮中的標的是否真的物超所值，還是因為問題重重才變得廉價。

當然，對於無法和企業管理階層會談，而且檢視公司體質時間有限的一般投資人來說，做這些研究很困難。但法規的變革與科技的興起，代表多數上市公司現在都會在網路上公開大量資訊，通常包括**年度財報與投資人報告**。網路上也有大量的股票篩選工具，可以幫助你聚焦在有潛力的便宜股票上。**避開被捧得太高、或是得到媒體過度關注的類股**，以上是一些幫助你盡量善用時間的方法。

而波頓的中國經驗是一段警世故事，證明新興市場並非毫無風險。確實，在某些國家，會計準則和企業治理很糟糕，就連專業人士都很難辨識詐欺發生的狀況。因此，除非你真的知道自己在做什麼，或者已經做好準備面對大幅波動，不然的話，你應該認真考慮避免投資某些比較特別的國家。有個選股的替代方案，是依國家（或地區）為標的的指數股票型基金（ETF），讓你可以投資一籃筐的同國別股票。

投資我最強——安東尼・波頓

指標	得分	評論
績效	★★★★★	自 1979 年到 2007 年，波頓操盤的基金平均每年勝過大盤 6%。雖然他短暫的中國經驗沒那麼成功，但仍打敗市場。
長期性	★★★★★	波頓投身基金管理界超過 40 年。
影響力	★★☆☆☆	波頓身為基金經理人的最後幾年倍受關注。但他對於投資市場而言並無廣大影響力。
複製投資方法的難易度	★★☆☆☆	波頓的價值型策略相對容易遵循，但這需要大量的研究。除了某些例外情況，一般投資人不太可能有能力，利用持股影響一家公司。
總分		14 顆星

第 8 章

如果你無法持有一檔股票十年，那就不要買進

恆心基金創始者

尼爾・伍德佛（Neil Woodford）

隨著波頓退出基金管理界，尼爾．伍德佛一脈相承，成為英國最著名的基金經理人。一如波頓，他長期創造出豐厚的報酬，並遵循類似的投資理念，買進被低估的股票，長期持有直到股價上漲。確實，他的聲譽卓著，以至於他二〇一四年決定離開景順投資公司（Invesco，美國獨立投資管理公司）時還登上頭條，投資人也拋下他之前任職的基金，排隊等著要去他新創辦（同時兼任執行長）的公司投資，這家公司叫「伍佛德投資管理公司」（Woodford Investment Management）。

自此之後，他一直成為公眾注目的焦點，並成立更多檔基金。他近期最引人關注的動作，包括取消公司的分紅制度，轉向單一薪酬制。他認為金融業不夠努力，沒有將科學發現具體應用到商業事務，而他也基於這番理念**大力倡導他口中的「耐心資本」**（patient capital）。「耐心資本」基本上指的是**投資時間超過三到五年**的創投資本；而多數創投業公司都預期在這段期間內就要得到報酬。即便如此，他對於投資世界的最大貢獻，仍是他身為基金經理人的績效表現。

不滿金融圈炒短線，於是自立門戶

伍德佛生於一九六〇年，在英國艾瑟斯特大學（Exeter University）攻讀經濟學與農業經濟學。最初，他的夢想是加入皇家空軍（Royal Air Force），但他的反應不夠快，應徵飛行員培訓就沒有錄取了（但如果是比較次要的領航員職務，他是夠格的）。英國航空（British Airways）也拒絕了他。因此，他決定善用他的經濟學學位，在倫敦城金融區找一份工作。然而，一九八一年時英國經濟衰退，工作難找，因此他一開始只能在一家大宗商品公司找到行政職，之前這種工作都是由輟學的少年負責。

他很快就在領地保險公司（Dominion Insurance Company）找到一份大學畢業生的工作，後來終於成為一位基金經理人的助理。這讓他第一次接觸到金融資金管理的世界。接下來八年，伍德佛不斷升遷，在各家金融公司裡擔任越來越重要的職務，待過里德保險公司（Reed Insurance）、英國信託儲蓄銀行（TSB）以及ES保險公司（Eagle Star）。在此同時，他也在倫敦商學院（London Business School）研究所攻讀財務理論，和實務經驗相輔相成。

他後來發現，年金與保險公司的投資決策，多半出自於委員會，這表示，無論他爬到多高，想做出大幅超越市場績效的逆勢操作決策，資金操作的自主權仍極為有限。因此，在一九八八年，他決定接受景順永恆（Invesco Perpetual）在永恆投資（Perpetual）的職務，當時這是一家相對無名的基金管理公司。去年的全球股市大崩盤，此時仍餘波盪漾，他有很多朋友與同事都認為，他在此時跳槽是很不智的舉動。

然而，他在新環境下得心應手，一待就是二十六年，到二〇一四年才離開。在這段時間他主掌多檔基金，一開始是景順永恆高收益基金（Invesco Perpetual High Income），這檔基金從一九八八年二月到二〇一四年三月都由他負責操作，其他還包括：從一九九〇年到二〇一四年掌管景順永恆收益基金（Invesco Perpetual Income）、從二〇〇八年到二〇一四年掌管愛丁堡投資信託基金（Edinburgh Investment Trust）以及從二〇一〇年到二〇一四年掌管SJP管理策略基金（SJP Strategic Managed）。即便成就非凡，但他對於倫敦金融圈只看「短期」的態度漸感不滿，希望擁有更多自主權來落實自己的興趣。他放棄退休的計畫，決定離開景順永恆，自立門戶。

此時，**伍德佛投資管理公司旗下經營三檔基金**，均由伍德佛自己管理。伍德佛股權收益基金（CF Woodford Equity Income Fund）是他的主要基金，目標和風格都和景順永恆高收益基金很相似；另外伍德佛收益聚焦基金（CF Woodford Income Focus Fund）比較注重定期發放股利，最後則是恆心資金信託（Patient Capital Trust），這是一家上市的投資信託公司，目標是要投資未上市（以及某些已上市）的小型科技公司，尤其是從各所大學衍生出來的公司，目標是長期持有這些公司的股票，持有期間超過私募股權或創投資金的正常持有期間。

如果你無法持有一檔股票十年，那就不要買進

伍德佛所管理的基金除了恆心資本信託是例外，其實他打從心裡就是一名價值型投資人，買進他認為遭到低估的公司股票，避開太過昂貴的個股。他刻意避免掌握市場時機，也不嘗試預測經濟走向。他的投資組合沒有大量的現金部位，反之，他幾乎把全數資金都投資在買股票上，他主張，投資時間長度以中期來看，**優質的基本面應能克服任何暫時性的市場起伏和波動**。

伍德佛的價值型投資風格**比較貼近巴菲特**而不是葛拉漢，他也說巴菲特對他擁有極大的影響力。他不買進最便宜的股票，也不是等到股價一上漲就馬上拋售，讓他帶著滿手現金再回去股海裡撈便宜的標的。他比較喜歡聚焦預期三到五年能有出色表現的優質企業。他深信「**接受長期投資的觀點，基金經理人才能真正增添自己的價值**」，並認同巴菲特的看法「**如果你無法持有一檔股票十年，那你也不用花十分鐘去想是否買進。**」

長線投資法對他出售過於昂貴、或出現嚴重結構性問題的股票造成困難，並且就平均而言，他會繼續抱著股票，持有期間超過對手，而且投資組合的周轉率（衡量資金周轉速度的指標）也低得多。他估計「在他的投資生涯中，投資標的的平均投資持有期間約在五到七年間，有時候還會更長」。

伍德佛投資法的另一項關鍵要素，是**強調投資組合的集中度**。在他離開景順時，股票高收益基金（Equity High Income Fund）前十大持股在投資組合中的比重，就已經略高於一半。同樣的，雖然伍德佛股票收益基金持有的公司超過一百家，但前十大持股所占比重在投資組合中也超過一半。

伍德佛也是主動型的投資人，最著名的範例，是他善用手中的工程與國防企業英國航太系統公司（BAE Systems）的持股，阻止該公司與歐洲航空國防與航太公司（按：EADS，空中巴士〔Airbus〕母公司，現改與空中巴士同名）的合併案。他說「如果我請投資人相信我、把錢交給我，我就不能成為人不在、只收錢的地主，我不能光丟錢下去，期待投資自動會產生最佳結果。」當然，他也同意「**你無法完全看透一家企業，但是你還是可以參與其中，並盡你所能去了解一家企業是否言行一致**」。

投資一萬英鎊，會增值二十五倍多

如果你在一九八八年伍德佛剛進景順時，投資一萬英鎊到景順永恆高收益基金（伍德佛的主要基金），到了二〇一四年時的價值為二十五萬三千四百九十英鎊。換算成年報酬率為一三．二%，遠高於同期間富時全股指數（FTSE All-Share）九．三%的年報酬率。很重要的一點是，伍德佛並未因為自己有了光環而懈怠。在伍德佛任期的最後十年，管理基金的績效每年都勝過市場約五％，在英國五十一檔類似的收益基金中拔得頭籌。這樣的報酬率，再加上不斷湧進基金帳戶裡的資金，在二〇一三年十月伍德佛宣布離職時，基金持有的總資產約達三百三十億英鎊。

伍德佛股票收益基金運作兩年半，期間遭逢幾次的起伏。一開始股價大漲，但二〇一六年時表現讓人失望，當年度僅微幅上漲，而富時一百指數卻成長一六．八％。然而，整體來看這檔基金仍勝過市場，自二〇一四年六月成立以來的累積總報酬率為二五．六％（截至二〇一七年一月三十一日），相較之下，富時指數的漲幅為一六．二％。基金旗下的管理資產也增至九十三億英鎊。

菸草公司與政府和解要付數十億美元，他卻大舉投資

一九九〇年代末期，伍德佛做出兩項重大投資決策，確立了他的聲譽。首先，他遠離科技類股，因為他認為科技股太貴了。當時他不願意搭上科技熱潮，在股價飆漲時看來似乎是大錯特錯，導致他好幾年都落後大盤。雖然公司支持他，但是後來他承認，如果科技股崩盤的時間晚了六個月，他就會被掃地出門了。當然，後來科技股崩盤，讓他的競爭力

相對提升了許多。

約莫在同一時間，伍德佛大舉投資各家菸草公司。這看來是終極的逆勢操作行動，因為菸草公司被迫在一系列的政府訴訟案中達成和解，最終必須支付幾十億美元的醫療保健費用給政府。一般投資人也認為，已開發國家菸品銷量的下跌代表這些公司的前景看淡。但伍德佛的看法卻剛好相反，他認為菸草商接受和解，反而讓政府的利益和菸草公司的存續休戚與共。

此時，他也認為，新興市場持續性的經濟成長，會促使菸品的消費快速增加，帶動全球銷售額成長。後來證明這是一項極為明智的決策，因為他的基金核心持股，英美菸草公司（British American Tobacco，簡稱BAT）漲了十二倍，二〇〇〇年的股價為二・五英鎊，等到他要離開景順時已經漲到超過三十一英鎊。如果再計入股利，這等於是年報酬率超過二〇%。也因此，伍德佛說他最大的遺憾之一，就是沒有買進更多菸草公司的股票。

海嘯過後，銀行股強勢復甦，他反而輸了

避開科技泡沫讓伍德佛大為成功，但是他對銀行類股的投資經驗就好壞參半了。二〇〇五年時，銀行業表現絕佳，房市的大漲帶動貸款大幅成長。然而，伍德佛判定，銀行

股承擔的負債過高，只要出現經濟下滑，銀行股就會暴露在重大的風險之下。因此，他出脫銀行類的持股，轉向防禦性比較強的公司，比方說公用事業。當房市真的崩盤時，導致經濟衰退並引發全球驚人的危機，驗證了這種悲觀操作方法是對的。

伍德佛在金融類股的布局很少，在金融危機期間替投資人提供了緩衝，問題在於接下來的五年他仍看壞銀行類股，認為引發崩盤的問題尚未完全解決（事實上他的觀點正確）。但之後英美幾輪紓困與貨幣寬鬆政策讓銀行股強勢復甦，以致他的基金並未得利。再加上他僅投資防禦性類股，使得他的基金從二〇〇八年底之後的績效，有五年的時間都落後於大盤。

道德其實也可以用來賺錢

從某個層面來看，伍德佛的投資生涯是另一個範例，說明逆勢操作、聚焦價值投資法如果運用得當，可以創造出豐厚的報酬，但是也點出了這種策略的劣勢，對於必須持續打敗大盤指數的基金經理人來說尤其明顯。伍德佛設法撐了夠久，才足以享受到二〇〇〇年出現的市場轉向帶來的好處，但其他人可就沒這麼幸運了，菲卓公司（Phillips & Drew）的湯尼．戴伊（Tony Dye）就是在泡沫開始破裂那一天被炒魷魚。

伍德佛決定投資菸草類股也引發了問題：道德考量與投資選擇之間的平衡。伍德佛捍衛菸草投資的立論是，很多其他類股（例如武器製造業）以道德觀點來看也同樣有瑕疵，但是卻不會引發這麼多爭議。他也主張：「**我拿薪水不是為了**在投資組合中**落實我的道德價值判斷，而是為了展現我的理財投資策略**，而且單以投資的觀點來看，我認為現在對客戶來說是最好的投資機會。」確實，他認為「菸草業整體上看來仍然被低估，因此是一項極具吸引力的投資。」

對於考量社會責任的投資人來說，好消息是學術界普遍認同，傳統的道德考量投資不會嚴重衝擊報酬。比方說，二〇〇二年時羅布・鮑爾（Rob Bauer）做了一項研究，以德國、英國與美國一百零三檔道德基金與四千三百八十四檔一般基金比較，檢視一九九四年到二〇〇四年期間的表現，他發現，無論報酬率或高或低，證據都不具顯示道德基金績效有明顯落後的情況。在此同時，若以主要的社會責任指標和主流的對應指標相比，兩邊的績效表現也大致相同。

科隆大學（University of Cologne）的亞歷山大・凱普夫（Alexander Kempf）與皮爾・奧斯霍夫（Peer Osthoff）所做的研究發現，積極尋找行事風格謹遵道德標準的個別公司，確實能提振報酬。他們找出一項策略，根據美國企業社會責任排名，然後買進最符合道德、賣出最無良的公司，在一九九二年到二〇〇四年間能創造約九%的超額報酬。

投資我最強——尼爾·伍德佛

指標	得分	評論
績效	★★★★☆	在伍德佛任職於景順期間，他每年平均贏過市場的幅度不到4%。雖然他的新基金操作期間相對較短，但主基金仍贏過大盤。
長期性	★★★★★	伍德佛管理資金近30年。
影響力	★★☆☆☆	伍德佛以投資技巧獲得讚賞，然而，就像波頓一樣，他對於投資領域的貢獻很有限。
複製投資方法的難易度	★★★☆☆	伍德佛的集中式價值型策略，與其他投資方式相比，相對直接，投資人可以學習。但他最近投入的恆心資本領域就比較不容易仿效。
總分		14 顆星

第9章

成長型股票，就要抱得長長久久

成長股價值投資策略之父

菲利普·費雪（*Philip Fisher*）

我們談過，價值型的投資人相信未來難以預測，因此，你必須嘗試買進股價低於內在價值的股票。反之，成長型的投資人認為，要判斷一家公司真正的價值是不可能的事，如果你**找到獲利能持續成長**的優質公司，股價就會隨之上揚。

兩者之間的辯證至今未有定論。雖然證據指出價值型投資長期或許較有優勢，但是也有很多時期，成長型股票表現得比較好。確實，過去十年成長型股票表現得很出色，在美國與全球皆然。舉例來說，先鋒公司（Vanguard）用來衡量成長型股票的指數，便勝過衡量價值型股票的指數，但年平均差額不到三％。同樣的，過去十年摩根士丹利（美國紐約的國際金融服務公司）世界成長指數（MSCI World Growth Index）也勝過摩根士丹利世界價值指數（MSCI World Value Index），幅度約為二％。如果說葛拉漢代表的是價值型投資的智慧力量，那麼，菲利普．費雪便是立下典範，為成長型的投資提供助力的先驅之一。

從軍時，省思自己的行為

費雪於一九〇七年生於美國舊金山，先在史丹佛大學（於美國加州的私立研究型大學，因其學術聲譽和創業氛圍，而獲評為世界上最知名的高等學府之一）取得經濟學學位，之後進入該校新成立的商學院研讀企管碩士。但是他急於參與當時正火熱的股市榮景，短短一年後便離開了學校。諷刺的是，由於費雪後來的成就非凡，他還受到學校邀請，在一九六〇年到六二年回校，為企管碩士學生開設投資課程。他曾短暫任職於加州當地銀行的分析部門以及某間股票交易所，一九三一年時決定要創辦自己的投資企業菲利普費雪公司（Philip Fisher & Company），成績還不錯。

二次大戰期間，費雪在美國陸軍航空兵團（也就是之後的美國空軍）擔任文書工作。雖然這代表他必須暫時中斷投資生涯，但事後他認為這是一個恩賜。由於空出了大量的時間，費雪得以分析自己的績效，查看哪裡還有改善空間。他發現多數的利潤都來自買進股票後繼續持有，而不是低買高賣的操作手法。

戰後他重返投資顧問事業，一直到一九九九年退休（他逝於二〇〇四年）。由於費雪管理的是私人基金，僅服務少數重要客戶，他並未公開任何績效的相關數據，但大家都認為他是非常成功的投資人，巔峰時管理的資金約為五億美元。他對於投資界有極大影響，因為他出過很多書，最知名的是一九八五年的暢銷書《非常潛力股》（*Common Stocks and Uncommon Profits*）。他寫的其他投資相關書籍也很成功，例如一九六〇年的《買股致富》（*Paths to Wealth Through Common Stocks*）和一九七五年的《保守型投資人高枕無憂》（*Conservative Investors Sleep Well*），廣為其他傳奇投資人引用，例如巴菲特。

不管股價波動，殖利率也不用高，看公司的體質就好

費雪相信：「能賺到最豐厚投資報酬的人，是靠著好運氣或好眼光，偶爾找到一家年營收與獲利成長遠高於整體產業的公司。」這樣的操作，意味著要**找到成長潛力高、經營得宜的企業**。如果某檔個股滿足這個標準，就值得持有，不用去管股價的波動。**你應該容忍某些股價持平或是下跌**的時期（實際上，費雪會至少等三年才賣掉某家公司的股票）。反之，他相信，你不應該只因為股價上漲就受到誘惑，獲利了結換成現金。

雖然費雪喜歡持續提高股利的公司，但他寧願這些公司壓低殖利率，將獲利回流，重新投資到公司裡。他認為，這樣做才能讓公司維持高度成長。他也主張，投資人不要花太多時間去看年報裡的量化數據，反而應該多去看看他所謂的「傳言」（scuttlebutt）。這裡的「傳言」，指的是**和公司管理、營運以及產品特質層面相關的資訊**，而不是什麼「熱線消息」（hot tips）或內線（當然，利用內線消息操作是違法行為）。

確實，他提出了一張表，列了十五項投資人應該考量的關鍵因素，分別可以歸納成三大類：策略、營運、管理。首先，一家企業必須要有策略，能長期維持成長，現有市場飽和時要能涉足新市場。企業也需要有高度利潤，有計畫的保護公司免於遭受同業競爭和通膨摧殘。讓企業能領先同業對手的競爭優勢（比如規模經濟或專利）也極為有用，這是長

期獲利的方法。

講到營運，費雪認為一家公司的兩大關鍵部分是研發部門和銷售部門，因為研發工程師可以開發出讓企業持續成長的新產品，但很少有產品可以出色到不需要推銷就有銷量，因此，這表示一家公司也需要銷售部門，才能在競爭中脫穎而出。良好的勞資關係也很重要，有助於維持員工的生產力、確保員工對公司的忠誠度，以及避免發生罷工而導致營運中斷。強力的資本控制與維持強健的資產負債表容許值，包括在必要時能借到額外的資金，也能確保公司的財務健全。

最後，費雪建議投資人注意一家公司的管理品質，包括高階主管之間是否維持良好關係，還要有強健的團隊讓高階主管交辦任務。他也認為管理階層一定要誠實行事，如果管理階層在處理負面消息時隱瞞投資人，這就是一個值得注意的警訊。而且這些行為都代表管理階層沒有做好風險控管、沒有面對失敗的備案，這就是個大麻煩。而這也可能代表他們根本不在乎股東。

不要一漲就賣——德州儀器，費雪的投資代表作

費雪最佳的投資代表作之一，是半導體公司德州儀器（Texas Instruments，簡稱

ＴＩ）。他在一九五五年時買進德州儀器，一年之後，公司的管理階層兼大股東在一九五六年大賣股票，他就加碼買進（儘管他是在兩年前才知道這家公司）。他相信半導體產業具備強大的成長潛力，這讓德州儀器可以持續提高獲利。而他也很欣賞這家公司的經營方式，尤其是德州儀器投注很多心力進行研發，並訂下計畫加強銷售組織。德州儀器有非常強健的業務，提供政府及軍方電子設備。

當時，很多經紀人建議客戶賣出德州儀器，理由是這家公司的股票太貴了，本益比約為二十倍。他們也擔心德州儀器的高階主管紛紛出售自家股票，以及其他更大型的企業可能進軍這個市場。但費雪相信這些顧慮過度誇大了，他注意到主管會出售股票是有理由的，因為這些主管大部分的淨資產都投資在公司，因此想要分散風險，並規劃子女的繼承事宜。他也相信，德州儀器是業內的最低成本生產者，這有助於面對所有競爭。

費雪不僅買進德州儀器的股票，更在好幾版的《非常潛力股》以及之後的著作裡點名，這是典型的成長型企業範例，大家都該買進。這檔個股也成為他投資組合中的主要持股。他在某次的訪談中指出，他很遺憾有位大客戶堅持在德州儀器剛要起漲時就把股票賣掉，他的盤算是要在股價回測時便宜買進。然而，雖然這檔股票幾年後確實有下跌，但從來沒有回跌到當初客戶賣掉的價位。

費雪建議守住德州儀器的股票，最後證明是對的。實際上，該公司的股價大漲，以致於必須分割好幾次（用一股舊股換成兩股新股，讓每股價格維持在投資人買得起的價位）。德州儀器的股價在二〇〇〇年時來到歷史高點（一年前費雪已經退休），比起一九六五年時的價位，已經成長了超過一千五百倍。這表示，一九六五年時投資的人賺到的年報酬率是一八%，而且這還沒計入股利的再投資。

如果說德州儀器證明費雪策略的長處，那麼摩托羅拉（Motorola，電信裝置製造商）便凸顯了其弱點。費雪一開始在一九五五年買入摩托羅拉，一直到他於二〇〇四年過世前都持有大量該公司股票。雖然他一開始是從其他投資人口中聽到這家公司，但他是在親自訪查公司工廠，並對管理階層留下深刻印象後才投資。這檔股票最初是很成功的投資，二十年間成長了二十倍，相較之下，大盤僅漲了七倍。但自一九八〇年代之後，摩托羅拉的表現就稍微落後於市場（如果在二〇〇〇年科技泡沫時賣出，報酬會比較豐厚）。

雞蛋要放在真正有吸引力的籃子裡

多年持續抱一個成分單純的投資組合，不需要太常轉換，除了看著股價上漲之外，也不太需要做什麼，這對很多沒有時間的投資人來說，是一個很誘人的想法。費雪的投資生涯可以證明，有可能找到一群這樣的股票。

但是，要打造這樣的組合有點複雜（而且耗時），不只是挑出前一年上漲最多或是營收成長最強勁的公司而已（實際上，德州儀器過去的獲利都持平），這需要以長線觀點來做冗長且詳細的分析。因此，**「費雪風格的成長型投資」只適合一開始願意花時間，以便後來能節省心力的投資人**。

很重要的一點，費雪很幸運的在科技泡沫接近高峰時結束投資生涯。確實，如果一名投資人在一九九九年才買進摩托羅拉或德州儀器，在之後的一、二十年看到的績效會是虧損。這表示，就算是最出色的股票，也可能太過昂貴。同樣的，有些時候，就算是最創新的企業也會失去優勢，公司的規模大到完全失控，會因為科技的創新而被淘汰。

能連續幾十年表現出色的股票少之又少，因此，費雪相信你在投資組合中能持有的個股數目有限。雖然他也同意分散投資有好處，但他主張，隨著你持有的股票檔數增加太多，這些好處很快就會減少。他也主張，花錢買股放在很多不同的籃子裡，其中一個缺點是**「很多雞蛋到最後並沒有放到真正具備吸引力的籃子裡」**，這麼做也代表投資人把資金投入到他們不太了解的公司。

費雪認為，只要你買的股票**不屬於同一個產業，而且有多種業務**（因此，就算哪一年某部分的業務特別糟糕，企業還是能賺錢），**你就只要持有五家不同的大企業**就可以了（把每一項投資標的占比都限制在投資組合的五分之一）。如果是成長初期階段規模較小、波動性較大的企業，那你勉強可以買進十家公司。不論是哪一種情況，他認為，對投資人來說，在同一時間持有超過二十五家公司的股票不僅毫無意義，更會造成反效果。

這樣的立場看來很極端。確實，很少人會認為只持有五檔股票是一個合理的數字。但證據指出，分散投資會使收益快速下降。艾德溫・艾爾頓（Edwin Elton）和馬丁・葛魯伯（Martin Gruber）一九七七年時做過一項知名研究，發現一檔美國股票的平均標準差（average standard deviation，統計學中最常使用作為測量一組數值的離散程度之用）為四九・三％，這表示，股價的漲幅或跌幅超過一半以上的時間接近三分之一。將投資組合裡的股票數目增為十檔，可以將標準差減少一半，降至二四％，但以二十檔股票組成的投資組合標準差則為二一・二％，一千檔股票組成的投資組合，僅能將風險從二一・七％減至一九・二％。

投資我最強——菲利普・費雪

指標	得分	評論
績效	★★★★☆	費雪並未操作任何公開基金，因此沒有他的績效紀錄。但大家都有共識，他幫客戶賺了很多錢。
長期性	★★★★★	費雪參與市場幾十年。
影響力	★★★★★	費雪在創造成長型投資這方面居功厥偉。就連很多價值型投資人都說費雪對他們有很大的影響，包括巴菲特。
複製投資方法的難易度	★★★☆☆	費雪認為要找出幾十年都能創造報酬高於平均的公司，要實現這個概念需要做點研究。但是，一旦你落實想法、打造出投資組合，就不太需要花時間調整投資組合。
總分		17 顆星

第10章

三原則只抱成長股，但「適時」了結轉檯

巴爾的摩成長型投資賢者

湯瑪斯・羅維・普萊斯（*Thomas Rowe Price*）

費雪代表了最單純（或者說最極端）的成長型投資形式：不管價格，只買進出色企業的股份，然後持續擁有。然而，就像前一章談過的，這種方法會有幾個問題，最大的問題是少有企業能長期持續成長。確實，二〇〇三年時，伊利諾大學（University of Illinois，全美理工科方面最頂尖的高等學府之一）的路易斯·陳（Louis Chan）做了一項研究，發現從一九五一年到二〇〇八年期間，僅僅有六·三%的美國上市公司能連續五年維持中位數以上的成長，而能連續維持十年以上成長者不到一%。

即便企業能表現出色，股價也會因此變得過高；投資人們在千禧年之交時，科技泡沫高峰期便經歷了股災的痛苦。因為理解到這一點，所以**現代的成長型投資人，多數傾向於以湯瑪斯·羅維·普萊斯為典範**。普萊斯雖與費雪處於同一個時代，但前者代表的是比較務實的成長型投資學派，用比較近期的觀點來看，在選股流程中也不會完全貶抑股利或價值等特點。他建立的成長型投資風格，也很看重出售股票的正確時機。

市場過熱，價值就沒辦法看清楚了

普萊斯一八九八年在馬里蘭州巴爾的摩（Baltimore, Maryland）出生。他是醫生之子，畢業於斯沃斯莫爾學院（Swarthmore College）化學系。他曾在杜邦（DuPont）擔任幾年化學工程師，之後轉行，成為美盛集團（Legg Mason）的麥庫賓古瑞奇公司（Mackubin, Goodrich and Company）股票經紀人。他雖然很喜歡從事投資，但他覺得股票經紀的賺錢模式（亦即，他收取的報酬佣金是以他所做的交易筆數計算），導致他的收益和客戶的獲利並不一致。

一九三七年，他決定創辦自己的理財顧問公司普萊斯公司（Price Associates），和共事的經理人查爾斯．夏佛（Charles Shaeffer）、瓦特．基德（Walter Kidd）聯手出擊。這代表之後他的收入是以他管理資產的百分比計算，他能夠提出更客觀的建議。確實，他有一句話很受歡迎，而現今普萊斯公司現已成為普信集團（T. Rowe Price），網站上仍顯示著：「如果我們為客戶把事情做好，我們也會被照顧得很好。」（If we do well for the client, we'll be taken care of.）他也替《巴倫周刊》（*Barron*）撰寫一系列以投資為題的文章，這些文章在一九三九年集結成冊出版，書名為《挑出成長型股票》（*Picking Growth Stocks*）。

普萊斯公司在服務客戶方面很成功，一九五〇年時普萊斯又決定要成立普萊斯成長型股票基金（T. Rowe Price Growth Stock Fund）。這是第一批共同基金的其中一個，成立之初是為了幫助現有客戶替他們的孩子設置投資基金。他決定不對新投入的資金收取初始交易費用（按：稱為「銷售佣金」〔sales load〕，依成交金額的一定比例向客戶收取費用，支付給基金銷售機構），使得這檔基金極受歡迎，在成長型股票風行的一九六〇年代尤其如此。一九六〇年，普萊斯公司推出新視野基金（New Horizons Fund），主要聚焦在規模較小、風險較高的成長型企業。

然而，隨著市場發展，普萊斯越來越擔心成長型股票的價值被高估，在通膨竄升的環境下尤其嚴重。因此，他開始提出警告，集結成一本名為《投資人的新紀元》（*The New Era for Investors*）的小冊子。這本手冊主張，投資人應轉換到自然資源類股，以及傳統的通膨避險工具，例如黃金和房地產。雖然他的公司最終遵循他的建議，一九六九年時成立新紀元基金（New Era fund），投資黃金與能源類股。然而，市場過熱的情況讓普萊斯心灰意冷，於是他決定在一九六六年退休，四年後，他售出自己一手創辦的公司所有股份。

從一九七〇年到他一九八三年過世的這幾年間，普萊斯仍管理親友的投資組合，持續跟上市場脈動。他偶爾也會在媒體上評論市場趨勢。

標的近五年的績效，必須比前五年多五〇%

普萊斯的選股方法，和另一位傳奇成長型投資人費雪有很多相似之處。兩人都認為，在股市裡要賺錢，最佳之道就是買進至少短、中期獲利會成長的企業。普萊斯同樣喜歡具備技術優勢、競爭較少、有法律規範保護和低勞動成本、擁有競爭力的企業。而他也認為不當的管理與市場飽和，可能會對企業的成長造成重大威脅，他敦促投資人如果遇到這種狀況，應該考慮出脫持股。然而，費雪非常重視由下而上的方法，個別看待每一家公司，但普萊斯認為，應該把重點放在企業所處的產業。因此，他**主要是尋找經濟體中快速成長的產業**。他相信，這類產業要不是全新的產業，不然就是具備創新或發展前景，因此得到全新生命的產業，但他也認同跨入新領域的單一專業公司，值得列入考量。因此，他經常購買相同產業內的不同企業股份。

普萊斯對於長期預測抱持懷疑態度，並且主張**根本不可能得知未來會是什麼樣子**。所以，他希望自己的投資組合，都是不久之前在獲利成長方面有著亮麗成績的企業。他認為每年的經濟循環有高有低，因此企業的年度績效會有變化，不過他依然堅持，企業的獲利必須呈現成長趨勢。他在《如何挑選成長型股票》（*How to Pick Growth Stocks*）中提到一條基本原則，那就是**近五年的平均獲利，應該比先前五年的平均值高五〇%**。

另一個他密切觀察的指標，是企業資本投資的報酬率。他主張，高度的資本投資報酬率，代表該公司擁有主導市場的地位；即使沒有主導市場，但至少是高效率運用資本。然而，一旦資本報酬開始下滑，則代表該公司的競爭壓力增加，因為理論上，競爭會將資本投資報酬率壓低。這可能也代表公司做了無法支應成本的無益投資，並設法以人為的方式來提升成長率。

普萊斯也覺得「對買進一般股票的投資人來說，最大目的是獲得收益」，成長型股票也是如此。因此，他理想中的公司要固定提高股利，或者未來有很大的機會可以提升殖利率。普萊斯同意，對某些企業來說，支付股利是一大問題，尤其是快速成長的企業，剛掛牌的公司根本無力支付股利，但他認為的最低限度，**企業必須要有近期的支付股利計畫**，不然的話，根本不值得投資。

普萊斯與費雪的最大差異，前者相信企業價值在投資決策中應被注重，但費雪抱持的是不管企業價值，只問成長率的策略；反之，普萊斯認為，即便是最出色的公司，一旦成長到某種程度，也要持續奮鬥才能滿足股東期待。他並未遵循任何明定的股票估值公式，但他覺得，獲利率低（亦即本益比過高）的股票很少具備高度價值，在利率高的時期尤其如此。

優於大盤的亮眼績效

成長型股票基金是普萊斯的主要管理基金，在營運的前二十年表現非常出色。確實，從一九五〇年到一九七二年（在這之前的兩年，他已經切斷和基金公司的所有關係），投資一萬美元將能增值到二十二萬八千三百七十美元，年報酬率為一四・五％。雖然市場在這段期間也強勢成長，但如果把等量的資金拿去投資大盤，僅能增至十七萬九千兩百美元（年報酬率為一三．四％）。普萊斯的卓越表現，代表一九六六年（這一年他退休不再管理基金），他的公司掌控了價值十五億美元的資產（相當於二〇一五年的一百一十五億美元）。

在為特定客戶管理私人帳戶時，他的表現更為出色。確實，他負責為一個家族管理帳戶選股，從一九三四年到一九七二年底年平均成長了一六％（扣除稅額），遠遠比大盤出色，同一期間大盤的年報酬率只達到一一．四％。雖然一九七二年之後沒有任何普萊斯的績效數據，但他先放下成長型股票，轉向黃金與能源類股（因為當時的能源危機事件），在一九七四年股市崩盤之後又回歸投資成長性公司，如此的決策幫他賺了很多錢。

二戰前夕買進航空類股，漲幅高達三二五％

普萊斯成長型投資利得的範例之一，是他在一九三〇年代中期所投資的航空產業。一九三四年初，他覺得航空業受惠於民間需求增加與全球軍事整備需求（這是第二次世界大戰的前兆），會是一個快速成長的產業。因此，他替一個資金管理帳戶買進五家飛機公司的股票，分別為：寇帝斯．萊特（Curtiss-Wright）、道格拉斯飛機公司（Douglas

Aircraft）、北美航空（North American Aviation）、史裴瑞公司（Sperry Corporation）和聯合飛機暨運輸公司（United Aircraft and Transport）。

他選定前述公司，是因為他認為這些企業是航空產業的佼佼者，各家公司強健的資產負債表（他認為這能讓公司安度種種挑戰）、寶貴的專利（讓公司有強過對手的優勢）以及豐富的經驗，都讓他刮目相看。五年後，（由於聯合飛機暨運輸公司拆分為不同公司，出現一些調整），這五家公司的股價平均漲幅高達三三二％（如果以普萊斯買進的各家公司股數加權，漲幅則為三二五％）。反之，道瓊指數在同一段期間僅上漲五三％，成熟的鐵路產業類股還下跌了。

另一檔讓普萊斯賺飽荷包的股票是ＩＢＭ，這是他一九五〇年成立成長基金後最早投資的幾家公司之一。他在投資組合中持續持有ＩＢＭ的股票，一直到他退休。ＩＢＭ在一九五〇到一九六〇年代主導快速成長的電腦主機市場，也讓基金大幅獲利。然而，在他退休之後，成長基金可以說是太過依賴這家電腦公司，當ＩＢＭ在一九八〇年代遭遇問題時仍未出脫持股。

要在持續投資和彈性轉換之間找到平衡

普萊斯除了會建議該買哪家公司之外，也會論述你應該怎麼買（以及怎麼賣）。他不會一次就大量買進一家公司的股份，而會分幾次逐漸買進，等到股票價格過高或是公司發生狀況，就會讓他相信這檔個股，已經不再是足具吸引力的買進標的時，才會停手。這麼做，讓他能先觀察一家公司的表現，之後才投入全部資本，這樣也可以減少短期股價波動的衝擊。

普萊斯了結獲利部位時也使用類似的方式。當一家公司的股價上漲，已經漲到比他願意付出的最高價格高出三〇%時，他就會賣掉大量的股票，剩下的股票之後再漲一〇%時逐步賣出。這讓他能賺得後面的漲幅（如果他一口氣全賣出就賺不到了），一方面又能抗拒誘惑，不會在一檔股票變得太貴之後還繼續持有。

整體來說，普萊斯教導投資人的重點是要在**持續和彈性之間找到平衡**。不斷變動策略顯然不可能成功（因為這會產生高昂的交易成本），但就算是最佳策略，也必須考量環境的變化（以普萊斯為例，一九六〇年代末期股票的價值飆到天價，就不該再買進）。專業投資人可能會受限於過去的名聲和客戶、雇主的要求，但是自行管理帳戶的人，要面對的限制相對就少很多。

投資我最強——湯瑪斯．羅維．普萊斯

指標	得分	評論
績效	★★★★☆	普萊斯的公開基金績效只比大盤好一點，但這已經足以讓他的公司壯大。而他替私人客戶管理的帳戶績效好很多。
長期性	★★★★★	普萊斯參與市場逾40年。
影響力	★★★★☆	一如費雪，普萊斯也扮演重要角色，把成長型投資發展成一項重大的投資策略。
複製投資方法的難易度	★★★☆☆	比起費雪，普萊斯屬於比較務實的成長型投資，這個方法需要做更多的研究，因為這涉及經常性的買賣。想要跟隨普萊斯腳步的投資人，必須考量整體產業狀況，以及一家公司的股價是否被高估。
總分		16顆星

第11章

散戶可以打敗專業，別買你不懂的股票

打敗華爾街的最佳選股者

彼得．林區（*Peter Lynch*）

費雪與普萊斯兩人做了很多事，為成長型投資發展奠定基礎，而林區則帶來全新的轉折。身為基金經理人，他在十三年間賺到了豐厚的報酬，把一檔小型基金變成黃金巨獸。他寫過兩本非常成功的投資專書，鼓勵千百萬人直接投資股市。確實，他認為散戶投資人可以打敗專業，而且，你應該**「買你懂的股票」**，這個概念是一九九〇年代讓一般大眾對投資大感興趣的功臣。

股價上漲時成為華爾街代言人固然美好，但等到股市下挫時就沒這麼棒了。一九九九年到二〇〇〇年網路科技泡沫帶動股市來到高點，之後爆破，即便此時林區早已退隱多年，但仍飽受抨擊。確實，在近期訪談中他不斷自清，他否認媒體上所描述的極端、被簡化的資訊是他親自傳達的訊息。即便如此，他仍是投資界的傳奇人物，無庸置疑，有很多值得一般投資人學習之處；但他的投資風格，實際上其實比看起來更加複雜。

當桿弟，可以聽到一堆大老闆的內線消息

彼得．林區生於一九四四年，成長於波士頓（Boston，美國麻薩諸塞州的首府和最大城市）。他之所以對投資感到興趣，是因為他在高爾夫球場擔任桿弟時，偷聽到顧客討論不同的公司。確實，他在球場上聽到的一條小道消息（和航空貨運公司飛虎航空〔Flying

Tiger Line」有關），結果為他帶來豐厚獲利，幫忙他付清了波士頓學院（Boston College，麻薩諸塞州栗樹山的頂尖私立研究型大學）的大學學費以及華頓商學院的研究所費用（他最初學位的大部分費用也是由高爾夫球場的獎學金支應）。

林區擔任富達共同基金公司總裁喬治・蘇利文（George Sullivan）的桿弟，這也給他帶來極大好處，一九六六年時，他在富達得到夢寐以求的實習機會。得到這份暑期工作，也讓他從華頓畢業、於美國陸軍短暫服完兵役後進入富達，一九六九年獲聘擔任分析師。雖然林區一開始運氣好可以闖進公司，但之後他全靠自己努力一路往上爬，一九七四年時成為富達的研究總監。一九七九年，他開始操作小型的麥哲倫共同基金（Magellan mutual fund）。

林區在接下來的十三年都負責操作麥哲倫基金，一直到一九九〇年退休為止。同時他也替幾家大客戶管理年金基金，其中包括柯達、福特（Ford）和伊頓（Eaton，美國的跨國電力管理公司）。後來林區不再直接管理基金，但繼續為富達提供投資建議，也成為備受尊崇的金融評論家。林區還寫了一系列的投資書籍，包括一九八九年出版的《彼得林區選股戰略》（*One Up on Wall Street*）、一九九三年出版的《彼得林區征服股海》（*Beating the Street*）以及一九九五年出版的《彼得林區學以致富》（*Learn to Earn*）。

成長快的，永遠好過廉價但擴張慢的

在《彼得林區選股戰略》一書裡，林區將股票分為六大類：一、成長緩慢的成熟公司；二、紮實的績優股；三、會跟著經濟波動的景氣循環股；四、成長快速的類股；五、轉機股；六、擁有隱性資產的類股。在這六大類中，他會**避開成長緩慢的公司，因為這一群企業已經耗盡了成長潛力**。他會買進績優股，前提是他覺得這些公司還有長期的漲勢，如果吸引力夠大，他偶爾也會涉足資產股。然而，他的投資組合大多數專注於兩大策略：他覺得有「題材」加持、表現優於市場預期的產業，另外，他會把賭注押在個別企業上。

布局整體產業時，林區通常會買下多家相關的企業。雖然這代表他的投資組合經常由多檔股票構成，但由於這些都是業務類似的公司，因此，代表這仍是主動式投資的組合，比較不像單純追蹤大盤的祕密指數型基金（按：closet index fund，祕密指數型投資法，意指表面上看起來是主動式投資，但實際上是追蹤某個指數，根據該指數的組成成分投資）。林區把資金分別放在類似的公司上面，這也讓他能投資大量資金，又不會違反投資組合中能投入個別公司的比重限制規定。

林區投資組合中的另一半，也是他最感興趣的領域，那就是採行由下而上的方法，找到他認為營運極佳、不用管所屬產業狀況的企業。確實，如果個別企業的基本面夠強健，他也樂於把錢投資在成長緩慢、停滯甚至某些時候還衰退的產業。他對只喜歡熱門類股的投資人提出警告，指出**如果不檢視個別企業的品質，就要承受賠錢的風險**。熱門產業裡的公司要承受不切實際的期待，而且很可能被競爭對手超越。

在理想的狀態下，林區希望由下而上篩選出來的投資標的，有合理的資產負債表，**負債不要太高，本益比要等於其成長率**。然而，他相信，花太多時間去看公司的財務或價值，會造成反效果。首先，他認為昂貴但成長快速的公司，永遠好過廉價但擴張較慢的企業。更重要的是，就算是最漂亮的**財務數值，都只是回顧性的**，讓投資人知道過去的情況如何，但**沒辦法提供和未來相關的遠見**。

因此，林區比較把重點放在評估一家公司的「故事」（story），他用這個詞是表示公司管理階層的能力、以及該公司的產品品質。故事中有一部分是遵循傳統基金經理人的方法，直接訪談管理階層，談自家公司，也談他們的競爭對手。

然而，和其他基金經理人同業不一樣的是，林區也喜歡做一些比較實務的研究。以公開上市的公司來說，這包括**拜訪他們的營業據點，他甚至會親身試用他們的產品**（或請家人親友試用）。

遠遠把牛市拋在後頭

林區的運氣很好，他操作的期間是股市欣欣向榮之際，標準普爾五百指數從一九七七年五月底的九十六點起漲，整整十三年後漲到了三百六十一點。除了大盤加持之外，他本身的表現也相得益彰，如果在一九七七年林區接手麥哲倫基金時投資一千美元，等到十三年後他退休時將會增值為兩萬八千美元，年報酬率已經逼近三〇%。無怪乎投資人都紛紛掏錢給他操作，基金的管理資產從一千八百萬美元增至一百二十億美元。

麥哲倫基金的報酬一開始比較高，因此後來幾年才擠進來的投資人，報酬就沒這麼好了，但整體來說，這檔基金一直很成功，在十三年裡有十一年都勝過大盤。林區離開麥哲倫時引發的不是稱讚，而是憤怒，賺了很多錢的投資人對他的離開很憤怒，希望他能留下來，替他們賺更多的錢，這或許是他得到的最大恭維。林區並未就他管理的年金基金提供任何公開的數據，但他宣稱這方面的報酬率，勝過同期間他另外操作的共同基金。

「絲襪品質很好」，最後股價漲了六倍

有兩個範例能說明林區的投資方法，那就是汽車廠克萊斯勒（Chrysler）與成衣廠恆適

公司（Hanes Corporation）。一九八〇年代初期，美國經濟陷入嚴重衰退，導致汽車銷售量大減。林區相信，美國人一定會再度買車，這會帶動整個產業。和福特汽車的資深主管談過之後，林區得到一個感想，看來在破產邊緣的克萊斯勒其實最有利，市場有任何一點復甦都能帶來極大益處。

親自訪問克萊斯勒之後他確認了這一點。在克萊斯勒車廠時，新車品質讓他大為驚豔（尤其是新型多功能休旅車）。他也認為新任執行長李·艾科卡（Lee Iacocca）可以扭轉公司。檢視公司的資產負債表之後，也顯示克萊斯勒車廠即將因為軍事銷售而賺進大量現金，讓這家公司得以撐過短、中期衰退危機。因此，林區積極買進克萊斯勒的股份，買到法規許可的上限五%，而他同時也買進其他車廠，如福特（Ford，美國汽車品牌）和富豪（Volvo，瑞典的汽車品牌）。

他賭汽車產業賭對了，整個產業都復甦了。然而，他決定主要把重點放在克萊斯勒，更是錦上添花的成就。確實，他開始大量買進克萊斯勒時股價是兩美元，在一九八七年十月小型股災之前已經漲到高點約五十美元。雖說林區到最後持有這家公司的時間太長了，但等到他一九八八年全數出脫持股時，股價仍在約二十五美元；短短六年，股價的報酬率就達到一一五〇%。

如果說克萊斯勒代表了產品研究能補充傳統分析的例子，那麼，恆適公司就是方向相反的成功案例：林區會發現這家公司，是因為聽到他老婆大大讚賞蕾格絲（L'eggs）——這是恆適公司打入店面試水溫的絲襪品牌。當然，買進之前他也先做了很多研究。而研究也證明，蕾格絲在恆適公司的營業額中，已經占有相當高的比重。因此，一旦品牌成功，將會對於利潤大有助益。研究結果也顯示，大品牌裡只有恆適一家會在便利商店銷售絲襪，讓大眾更容易買到產品。

同樣的，當競爭對手推出打對台的產品、試圖搶奪恆適的市占率時，林區也先請太太去試用對手的產品。她說這些新產品品質差了一截，不太可能取代蕾格絲，這讓林區安心了，於是繼續持有這檔股票。他最後賺到極高的報酬。確實，當莎莉公司（Sara Lee）收購恆適時，恆適的股票已經漲了六倍。

擁有重要品牌的賺錢企業，就該買進持有

散戶投資人很難複製林區的做法，一般人無法和公司的管理階層對談，也不像他在富達時手下擁有一支分析團隊，更難擁有他驚人的精力，全年無休。確實，到最後，就連林區本人也無法維持工作狂的習性，他把自己相對早期就退休這件事，歸咎於自己對工作要求太高。然而，林區相信，**一般人可以靠著自己在某個產業任職或者是熱情的顧客，憑藉**

他們對特定產業的詳細理解來彌補這一切。

確實，他主張在某些情況下，一般散戶實際上擁有贏過華爾街專家的優勢；因為後者往往忽略了民間的討論消息。當然林區也強調，這些知識只是拼圖中的一小塊。確實，在近期的專訪中他說：「我從來沒說過：『如果你去逛商場，看到一家星巴克並認為這裡有好咖啡，你就應該打電話給富達證券經紀商買進這檔股票。』」他認為，就算是最知情的顧客，永遠都不如和企業關係匪淺的人來得清楚。然而，如果結合對於公司財務比率的基本理解，再加上找到重要性達到一定比重的產品或品牌，就有機會發掘出獲利機會。

投資我最強——彼得・林區

指標	得分	評論
績效	★★★★★	富達麥哲倫基金，在林區擔任投資經理期間，績效大幅超越大盤。
長期性	★★★☆☆	林區在富達任職僅十餘年，但他在之前也用自己的資金理財投資。
影響力	★★★★☆	林區推廣「買你懂的股票」這個概念，而且有功於鼓舞一整個世代的散戶投資人投入股市（但也因此受到責難）。
複製投資方法的難易度	★★★☆☆	林區的策略是要和千百家公司的管理階層會談，最後證明這在實務上並不可行，從他很早就退休便可窺知一二，更別說一般投資人要仿效他了。 但是，他提出善用你的企業日常經驗，作為投資指引的概念，對於一般投資人來說是很有用的祕訣，但前提是別太鑽牛角尖。
總分		15 顆星

第12章

優質選股、低頻交易

用心於不交易的基金經理人

尼克·淳恩（*Nick Train*）

所有的基金經理人都宣稱買進股票後要長期持有，實際上這群人卻很少這麼做。現今的基金經理人觀察標的的期間比過去更短。根據利普樂金融集團（LPL Financial，美國券商）的數據指出，至一九六〇年代，紐約證券交易所（New York Stock Exchange）上市股票的平均持有期間長達八年，如今約為五天。當然，因為有當沖交易員，再加上瞬間買賣大量股票的高頻率交易員，導致數值遭到扭曲。然而，英國ＳＣＭ私人投資管理公司（Stevens Capital Management）的米勒（Miller）計算，英國基金的投資組合週轉率每年將近九〇%。

頻繁交易不僅造成高額的交易成本，亦少有證據顯示這樣做可以提高報酬。更諷刺的是，熱絡的交易更指出，一部分基金經理人根本是「祕密指數追蹤者」，他們把投資金額分散投資在大量眾人耳熟能詳的股票上，對於任何特定個股都少有熱情。有一位知名的投資人採用了迥異的投資法，他不太常交易，但同時投資行為又非常活躍，此人便是成長型投資人——尼克·淳恩。

投資生涯平步青雲，進而自立門戶

淳恩一九八一年從牛津大學（University of Oxford，英語世界歷史最悠久的大學，也是世上現存第二古老持續辦學的高等教育機構）畢業，獲得現代史的學位。他雖然曾經認真考慮過要從事學術，但最後決定加入投資界的GT管理公司（GT Management）。他在事業生涯早期曾讀過與他同姓的約翰・淳恩（John Train）所寫，一九八〇年出版的《股市大亨》（*The Money Masters*），這本書描寫多位成功的投資人，他認為這本書形塑了他的投資理念。他管理GT收益基金十幾年，後來成為泛歐地區的投資長。然而，當景順收購GT時，淳恩決定離職，跳槽到投資管理公司M&G（M&G Investments），擔任投資管理總監。

投效M&G不久之後，淳恩很快就擢升為全球股票主管。然而，短短兩年後，他就決定離職成立自己的投資公司——林瑟淳恩公司（Lindsell Train），和也曾在GT管理公司的麥可・林瑟（Mike Lindsell）攜手合作。自二〇〇〇年起，**淳恩便負責操作芬賽伯利成長與收益投資信託**（Finsbury Growth and Income Investment Trust），同時，他還經營另外兩檔基金：自二〇〇一年一月起林瑟淳恩投資信託（Lindsell Train Investment Trust）、自二〇〇六年七月起負責CF林瑟淳恩英國股票基金（CF Lindsell Train UK Equity），並和他人共同管理林瑟淳恩全球股票基金（Lindsell Train Global Equity）。

長期持有體質強健的公司，自然就有高績效

表面來看，淳恩不是一個傳統的成長型投資人。確實，他喜歡自稱是價值型投資人，同意葛拉漢所說股票有確定的內在價值，認為除非你確認一檔股票被低估了，否則就不應該買進。此外，他也提到巴菲特具有重大影響力。巴菲特本來是以超值價格買進好公司，後來轉變成以好價格買進出色的公司，而淳恩更進一步，他願意不計代價的買進超凡公司。確實，他相信根據他自己所做的內部研究，**真正出色的企業股價，最高會比公司的獲利高六十倍**。

另一項讓他成為不折不扣成長型投資人的因素，是他非常不願意在一家公司表現出色時出售股票。價值型投資人多半會在價格大幅上漲時放手，因為這樣的股票再也不便宜了，但淳恩認為，應該要守住這種股票。確實，當他看到基金經理人隨時準備獲利了結，他即嚴加批評。**淳恩會賣股的唯一時機，就是他認為該檔股票的成長前景已經嚴重惡化**，他主張，**真正出色的公司少之又少，一旦你找到一家之後就應該緊握不放**。

淳恩不愛出脫持股的投資，代表他的週轉率很低，每年僅五%，這也表示，他的投資組合完全轉換需要二十年。確實，他有好幾年的時間根本沒動過投資組合裡的任何公司，不買進也不賣出。他有許多競爭對手每年都會讓整個投資組合改頭換面，以此來看，他的

週轉率確實相當低，這也有助於讓他把交易成本壓到極低。

他和其他基金經理人的另一項差異，是他不相信過度的分散投資；芬賽伯利成長與收益基金的前十大持股在基金資產中就占了六八%，林瑟淳恩英國股票基金更集中，十大持股公司在基金中占了八三．九%。整體來說，他的方法總結了一個概念：如果**你持有一小群體質非常強健的公司，而且長期持有，那你的投資自然而然就會有高績效**。

營運模式過度複雜，請敬而遠之

淳恩有幾條基本規則，尋找值得在他的投資組合中占有一席之地的少數超凡企業。一如林區，他認為**良好的產品品質與眾多顧客的讚賞，是有潛力成長的重要指標**。當一家企業銷售的產品很美味或是讓顧客真心喜愛，除了能創造出營業額，也有助於讓公司不受景氣循環影響，並創造穩健的現金流。淳恩也相信，強健的品牌有助於捍衛企業免受競爭與科技變遷威脅，投資人更能確定未來營收仍能持續成長。

淳恩喜歡由單一家族掌控、或是某個家族至少持有大量股權的企業。他認為，家族所有權會建立紀律，鼓勵企業以高效率配置資本。這樣的公司也比較可能採取長期觀點，檢視未來十到二十年的挑戰與機會，而不會只把眼光放在近期幾季而已。多數專業經理人

（執行長）則相反，他們與公司的成敗沒有太大的利害關係，而且不管怎樣，很可能在特定公司都只待一段時間。如果企業在全球都有營運，而不只布局一個國家，也有助於提高獲利能力。

最後淳恩認為，很重要的是投資人要知道且理解自己投資了什麼。無論一家公司具備多大潛力，**如果營運模式過度複雜，或是他根本不瞭解這家公司在做什麼，他就會敬而遠之**。舉例來說，雖然他認為生物科技類股，在未來幾年很可能有好表現，但他也開玩笑說，如果他曾經考慮買進生物科技公司的股票，那他就應該被開除，因為他不太瞭解支撐起這個產業的基礎科學。這不代表他完全否定生技公司，而是說他希望這類企業會有簡單的商業模式。淳恩投資賽吉軟體公司（Sage）便是一個「買你懂的股票」的範例，背後的理由是因為他辦公室使用一套該公司的會計軟體，效能讓他大為讚嘆（淳恩曾說他自己是「數字盲」）。

看好經濟，總是看好的理由是……

淳恩也自認為是經濟樂觀主義者，並把這份樂觀視為他投資策略的核心部分。他認為根據短期經濟預測投資是白費力氣，但他相信中、長期的展望依據很不錯。他認為就算短期生產投入要素的成本價格上揚，但終究會逐步下降。確實，他提到過去三百年來，相對於終端產品與服務，大宗商品和能源的價格一直在下降。

他認為，數位科技和商業組織的進步大幅提升生產力，降低企業的營運資本，回過頭來，又能為股東創造更高的報酬。他也認為，還有很多空間可以進行產業整合（可以提高利潤率並消弭浪費）與跨境併購（可以提升效率並將最好的實務操作傳到全世界）。

如果獲利確實增加了，那麼，理論上標的公司的股價自然也應該跟著漲。因此，淳恩的經濟樂觀主義導引他看好股票的報酬，也就不讓人意外了。另一件事也強化了他的觀點，那就是淳恩自己也提過，長期來看，股票能帶來極高的報酬率，優於債券與現金。當然，如果股票表現好，仰賴股市的產業應該也會受惠。因此，他相信，投資交易所這類基礎建設是合情合理之舉。他也認為，當股市表現強勁，基金管理業也應當獲益。

績效好到投資人願意溢價三〇%買進

從二〇〇一年一月初開始到二〇一七年三月底，如果在芬賽伯利成長與收益投資信託投資一百英鎊，將會增至五百六十英鎊（包括再投資的股利），年報酬率稍高於一一%。林瑟淳恩投資信託的表現好一點，如果在二〇〇一年三月成立時投資一百英鎊，十六年後會變成八百七十八・九英鎊，年報酬率相當於一四・五四％。後面這檔基金約有五分之二的資產投資於林瑟淳恩公司本身（這家公司並未掛牌）。兩檔基金的表現均優於富時全股指數（FTSE All-Share），在同一期間該指數的報酬率（包含股利）僅為一二一％（年報酬率為五％）。在二〇〇七年到二〇一六年期間，林瑟淳恩全球股票基金上漲了一九四・三％（年報酬率為一一・七三％），相較之下，富時的漲幅為七四・三％（年報酬率為六・三五％）。

由於做出前述的好成績，林瑟淳恩投資信託現在以溢價交易，相較資產淨值高了三〇％。換言之，投資人非常看重淳恩的管理技巧，因此他們願意支付比投資組合股份價值高三〇％（一度高達七〇％）的溢價交易，對照之下，多數投資信託是投資組合價值的折價交易。確實，淳恩對投資人發出警示，說他認為這樣的溢價太過頭了。在此同時，開放式的林瑟淳恩全球股票基金目前的管理資產有三十四億英鎊。

精準的眼光，讓一筆投資漲了三十倍

淳恩最成功的一次投資，是他原本還在GT管理公司時，投資職業足球隊曼徹斯特聯隊（Manchester United，是歐洲最成功的足球隊之一，也是英格蘭贏得最多冠軍獎盃的球隊）。他在一九九〇年代初期就買進球隊股票（曼聯於一九九一年掛牌）。他認為曼聯名聲響亮，而且全球都有支持者，將確保這支球隊能因為電視轉播營收大增而獲益。一九九〇年代期間證明他的預測是對的，由於英格蘭足球超級聯賽（Premier League）的蓬勃發展，一九九〇年代末期時，電視公司支付的費用從六千萬英鎊增至一億七千萬英鎊。也因此，淳恩親見這項投資的價值飆漲，股價漲破三十倍。

另一項獲利極豐厚的投資，則是衣飾業的巴寶莉（Burberry）。淳恩追蹤巴寶莉公司好幾年後才決定買進。雖然他非常推崇其產品品質，但是他認為公司股價太高了。然而，當巴寶莉的股價在金融危機高點時腰斬到三．六英鎊時，他開始買進，隨著股價一路掉到一．六英鎊，他買得更多。

巴寶莉很快反彈回漲，一年內就回到五．六五英鎊，但淳恩仍決定持有，因為他很欣賞該公司服飾和商品品質。如今的股價是十七．八五英鎊，與他最初買進時的價格相比，每年的漲幅約為二〇％（如果從谷底開始算，那就是三〇％）。當巴寶莉的歷史本益比（trailing price-to-earning）來到三十倍以上時，在其他基金經理人眼中是相當高的數值，但淳恩認為這家公司還是大有潛力，因為他很讚賞這家公司能成功從線上銷售賺到錢，也喜歡它的數位行銷品質。

投資失足，其決策為快速脫手

其實淳恩的投資沒有全部都成功。在他少數的失足紀錄中，有一次是他投資教育出版界的培生集團（Pearson）。教科書從實體轉變成電子書與線上學習教材，同時衝擊了這家公司的利潤和營業額。這造成連鎖效應（knock-on effect），導致公司股價大幅下跌，比十五年前低了很多。淳恩決定要緊抱投資，但他也多次承認他已經很接近賣出的關頭了，甚至為了這檔股票績效不彰，對投資組合造成的負面效果向投資人致歉。

另一家無法因應科技變化的公司是ＥＭＩ集團（Electric and Musical Industries，跨國的音樂製作及唱片公司），這是他最早替芬賽伯利投資信託買進的股票之一。他沒有想到科技會毀了這家公司的獲利能力，尤其是網路盜版和檔案分享，以及線上下載取代了高毛利的ＣＤ唱片。然而，一旦他明白自己錯了，便快速脫手，在二〇〇三年賣出全部持股。

單純的企業、簡潔的投資，是一項獲利法則

淳恩證明，**不需要瘋狂的買進賣出，也可以在經濟循環裡打敗大盤**。確實，他認為要買進業務單純的優質公司並長期持有，這套策略對於時間有限的投資人來說別具吸引力。

他的故事也證明，價值型投資並非在股市賺到錢的唯一方法。當然，他的操作方式也有潛在的問題。他的培生經驗點出了和一家企業「陷入愛河」的缺點，尤其是，就算是優質企業，最後也會因為科技變遷或聰明的競爭對手而被廢了手腳。

投資我最強——尼克·淳恩

指標	得分	評論
績效	★★★★☆	淳恩在林瑟淳恩傘形結構一個母基金之下再設立若干子基金，各子基金獨立進行投資決策的基金運作模式下，績效大幅超越市場。
長期性	★★★★☆	淳恩參與林瑟淳恩公司近20年，在此之前，他在多家公司擔任基金經理人。
影響力	★☆☆☆☆	淳恩固然是非常成功的投資人，但是他特意保持極度的低調。
複製投資方法的難易度	★★★★☆	買進一小群優質成長、可以帶來持續報酬的企業股票並長期持有，是在股市賺錢最不費力的方法之一。這種方法也是時間有限的散戶投資人最能使用的方法。 然而，其中的巧妙是要能找出這一小群，真的有辦法達成目標的非凡企業。
總分		13 顆星

第13章

創業投資，首重領導特質與分散風險

創業投資教父

喬治斯・杜洛特（*Georges Doriot*）

創投資本如今是全球資本市場裡非常重要的一塊領域。確實，二〇一五年時安永公司（Ernst & Young，英國倫敦的跨國性專業會計服務公司）估計，光是創投資本公司就投資了一千四百八十億美元、執行了八千三百八十一個案子，多半在美國、歐洲與中國。基本上，所有上市科技公司都曾在某個時期接受過創投資金。雖然一直以來都有由個體投資人組成的非正式創投團體，但一直要到第二次世界大戰結束時，「種子投資」（seed investing，專門投資於創業企業研究與發展階段的投資基金）才正式定形。在這一行，諸如約翰．黑伊．惠特尼（John Hay Whitney）和威廉．卓普（William Draper）等人也扮演要角，但一般公認的先驅是喬治斯．杜洛特。

創投和美國有很密切的關係，歐洲的投資者一向感嘆歐洲在這方面明顯落後，但諷刺的是，**一般公認開創出這個產業的人，卻是一位來自法國的移民**。喬治斯．杜洛特於一八九九年生於巴黎，他曾短暫從大學輟學，第一次世界大戰期間在砲兵隊服役。等到戰爭結束後，他回到學校完成學業，他明白身在一個遭到戰爭蹂躪的國家機會極其有限。

因此，杜洛特便移民美國，打算就讀麻省理工學院（Massachusetts Institute of Technology，縮寫為ＭＩＴ，是位於美國馬薩諸塞州的私立研究型大學，以理工見長）。然而，一次和哈佛商學院（Harvard Business School，全世界最著名的商學院之一）院長的偶遇，讓他認定應該在哈佛商學院讀一年書。之後，他進了華爾街，在庫恩勒布公司（Kuhn,

Loeb & Co，美國的跨國投資銀行）待了四年。一九二五年他重返哈佛商學院，一九二九年時成為教授。確實，即便戰後的他成為一位創投資本家，但仍繼續在哈佛商學院授課，到了一九六六年才不再教課，其間約教過七千名學生。

杜洛特除了從事大量非正式的投資顧問工作之外，一九三〇年代時他也在美國陸軍工學院（US Army Industrial College，美國國防大學前身，為美國國防部支持的高等教育機構）教書。當美國在備戰時，一位學生說服他出任美國陸軍的軍務長（後勤補給），他也因此能大大影響戰時生產與軍事科技的走向。等到**二次世界大戰末期，杜洛特已經升為准將**（brigadier general，他回歸平民生活之後仍使用這個頭銜）。這份工作也讓他能近距離接觸大量的一流生產製造商與研究人員。

實業家拉夫・法蘭德斯（Ralph Flanders）因為欣賞杜洛特的經驗而來找他，請他擔任**美國研究與發展公司**（American Research and Development Corporation，簡稱ARDC）的執行長，這是一九四六年正式成立的創投基金。杜洛特經營ARDC二十五年，直到一九七一年退休為止（一年後，ARDC與科技集團德事隆〔Textron〕合併）。他也發揮重要力量幫忙成立另外兩檔創投基金：加拿大企業發展公司（Canadian Enterprise Development Corporation，簡稱CED）以及歐洲企業發展公司（European Enterprise Development Company，簡稱EED）。

創投最重要的兩個條件

成立ＡＲＤＣ的理由，是因為政府提高供給科學發展使用的資金預算，再加上〈美國退伍軍人權利法〉（*G.I. Bill*，給與退伍軍人各種福利，包括了由失業保險支付的經濟補貼，家庭及商業貸款，以及給與高等教育及職業訓練的各種補貼）培養出的大量技術勞動人力，能帶動龐大的商業機會，尤其有利於返國的軍人。其背後的想法是，ＡＲＤＣ能為這些正在發展的企業提供足夠的資本，讓他們能夠壯大，直到公司上市掛牌。ＡＲＤＣ能得到的回報，是大量的公司股權。創辦人相信，這種提供資金給小型新創公司的流程，有助於美國維持科技優勢，並分頭發展，脫離鋼鐵與重工業等已臻成熟的產業，但主要目標顯然仍是賺錢獲利。

杜洛特策略的另一個部分，是堅持長期持有投資，不會一有機會就出脫，就算他持有的公司最初根本少有、甚至沒有報酬亦然。很多時候，ＡＲＤＣ在投資的企業於股市掛牌上市後，仍持有可觀股份（時至今日，掛牌日都是很多創投公司自然而然出脫股分的時機點）。華爾街很多人都認為這樣的態度太過情緒化，但杜洛特主張，他身為教授與顧問的經驗告訴他，**一家公司要能展現長期潛能，必須要有時間與耐性**。因此，他認為有耐性的方法能帶來更高的報酬，要靜心等待標的公司之後有價值能賣出，或是在股票市場掛牌。

ＡＲＤＣ還有另一項與前人不同之處，那就是它會用差異化的態度來選擇投資標的。在這家公司出現之前，家族基金會或個人戶，很少在創投資本出手，他們靠的是社交或商業關係，將資金投入朋友經營的企業。杜洛特相信，要根據其價值去判斷每一家企業對於創投資本的要求，而且**只能把資金投資在最好的構想上**。

杜洛特是一位積極的研究人員，他和員工會進行大量的實地審查，從他們身上收到的成千上萬份提案、以及他們聽到的許多有趣創業概念當中，精選最好的構想。他們的實地審查著重在兩個領域：**商業計畫的品質，以及領導階級的創業技能。**

風險很高，但ＡＲＤＣ翻漲了三十五倍

最初，華爾街對於創業投資的想法大表懷疑。大型基金會認為這風險太高，很多金融人士則相信杜洛特比較想做的是扶植公司發展，而不是從中獲利。因此，ＡＲＤＣ一九四六年首度公開發行時只募得三百五十萬美元（以二〇一五年的價格計算為四千兩百五十萬美元），不到其設定的原目標五百萬美元（換算現值後為六千零六十萬美元）。

公司營運的前十年績效很差。從一九四六年到一九五七年，ＡＲＤＣ的每股資產價值漲幅僅三七．八％，換算成年報酬率也差強人意，僅有三．三％。用這個指標來衡量可

能太過籠統，但根本沒有方法可以適當的衡量，一家沒有獲利也不發股票的公司價值。確實，ARDC的實際交易價低於一開始的每股二十五美元，這表示投資人如果需要變現將會面臨虧損。有一度投資人可以用十六美元就買到這檔基金的股票，價值跌了三分之一。

確實，由於一開始績效不彰，導致麻省理工學院決定出售杜洛特基金的所有持股。這件事裡有一點特別讓人難堪，那就是負責投資的受託人、也是ARDC的財會主管指出，就連高階主管都對自家公司的經營方式全無信心。同時重要人員也紛紛辭職，認為公司結構使得他們的薪資與投入的心力不成比例（這讓後來多數的創投基金都是以限制合夥的方式經營）。

然而，ARDC的股價在一九五〇年代末期和一九六〇年代開始起飛。確實，由於股價漲到太高，因此在一九六〇年時進行股票分割，將一股分為三股，一九六九年則把一股分成四股，一九六〇年二次發行時也額外募得八百萬美元（以現今價值換算後為六千四百萬美元）。整體來說，到了杜洛特於一九七一年退休時，公司的淨資產達四億兩千七百萬美元（約今二十五億美元）。如果針對拆股和資本注入調整，每股淨資產在二十五年間翻了快三十五倍，年報酬率超過一五%，比大盤高了很多。

遺憾的是，杜洛特的其他方案不見得像ARDC這麼成功。歐洲企業發展公司於一九七六年倒閉（一九六三年創立）。杜洛特將此事歸咎於，經營者只是對於科技投資沒有耐心的銀行家、商業環境對新創投資不友善。加拿大企業發展公司也在一九八六年解散。

杜洛特的創投，給予意見但不插手

杜洛特（與ＡＲＤＣ）**最著名的投資案，就是成功扶植迪吉多電腦公司**（Digital Equipment Corporation）。創辦迪吉多的是兩位麻省理工學院的研究人員肯恩．歐爾森（Ken Olsen）和哈蘭．安德森（Harlan Anderson），他們兩人的想法，是要製造出小型電腦（迷你電腦）供其他研究人員與科學家使用，有別於當時大型企業使用、體積如房間一般大小的主機。雖然這兩人創造出的原型產品TX-O大受麻省理工學院的學生歡迎（即使當時還有速度更快的電腦可用），但企業界不願意提供資金讓他們創業，考量的點是，早已站穩腳步的公司（例如美國無線電公司〔ＲＣＡ〕）都未能打入這個市場，何況只是兩位研究人員。

聽完兩人的簡報之後，杜洛特決定要投資迪吉多七萬美元（以二〇一五年的價值計算為五十八萬九千美元），換取這家公司七〇％的股權。他也給兩位創辦人許多意見（但他不插手日常決策）。後來證明這個決定是對的，由於新研發的PDP-1電腦成功，讓迪吉多在短時間內就開始獲利。到了一九六六年，迪吉多的狀況已經非常穩健，可以公開上市。又過了一年，ARDC持有的迪吉多股份價值為一億兩千五百萬美元，在其投資組合（共有四十五家公司）價值中的占比高達八〇%。迪吉多在一九八〇年代末期到達高點，營收達一百四十億美元，一九九八年時被康柏電腦（Compaq）收購時，價值為九十六億美元。

公司領導階層的特質決定成敗

雖然近年來股票群眾募資興起，但仍少有散戶投資人能直接投資一家新創公司，然而，杜洛特的ARDC經驗還是有用處，提點我們如何投資小股本、處於早期階段的公司。一如ARDC最初十年也被市場低估，同樣的，對於少有實際銷售額或利潤的企業（這類企業可能被低估，也可能被高估）而言，**市場需要時間才能適當的評估其價值**。因此，要合適的投資科技業，需要有耐心堅守一家公司，即便股價落後大盤也不為所動。

就像創投一樣，投資科技業的重點也在於找到幾個明星績優生，彌補大量表現不佳甚至完全失敗的公司。ARDC本身就是闡述這一點最佳的例子。確實，如果杜洛特錯過迪吉多，他的基金在二十五年的營運期間年報酬率只有七．四%，遠低於同期間大盤的績效。因此，**分散投資在這個領域的重要性遠超過一般投資**。然而，你還是應該避免過度分散，因為這會讓你無法聚焦在最有可能獲利的投資機會。

一樣重要的是你要自己做研究，而不只是仰賴某家公司的推廣文宣或他人的意見。畢竟，少有企業主願意承認他們投入大量時間精力創辦的公司出了差錯。還有，面對新科技時，人們也可能會因為看到其他公司無法善加利用，而急著否定新科技的發展。開發迷你電腦一開始的失敗讓人們不願意投資迪吉多，反之，一九九九年到二〇〇〇年網路泡沫過了頭，導致很多新科技的概念雖然很好，但是時機遲遲未到來。

確實，如果帶領企業的是一位有遠見的領導者，便是決定公司成敗的關鍵。因此，投資人應恪遵杜洛特立下的典範，在決定是否投資時，更加關注公司領導階層的特質。

投資我最強——喬治斯·杜洛特

指標	得分	評論
績效	★★★★☆	ARDC在25年營運期間輕鬆打敗大盤，但杜洛特經營的其他創投基金失敗了，減損了他的績效。
長期性	★★★★☆	杜洛特參與ARDC達25年。
影響力	★★★★★	杜洛特是第一檔創投基金的創辦人，說他創造了創投產業的確實至名歸。
複製投資方法的難易度	★★☆☆☆	除非有大量的資金可運用，否則散戶投資人一般不太可能直接投資創投，但有些創投基金有掛牌，股市也有大量的小型科技股上市。
總分		15 顆星

第14章

投資之前，請確定新科技是狗會想吃的狗食

矽谷創投鼻祖

尤金・克萊納、湯姆・帕金斯（*Eugene Kleiner / Tom Perkins*）

杜洛特成立了第一檔一般大眾也可投資的創投基金，為創投業奠定基礎。然而，創投一直要到一九七〇年代才開始起飛，變成一項讓人認真看待的投資類別，主要動力是因為北加州（後來的矽谷〔Silicon Valley〕，是高科技事業雲集的美國加州聖塔克拉拉谷〔Santa Clara Valley〕的別稱）電腦與生物科技業的興起。這兩類產業的擴張遭遇瓶頸，需要種子（創業）資本協助，但銀行貸款或公開發行等傳統資金來源都認為，投入這些產業的風險實在太高。

反之，創投業是更適合矽谷的夥伴，因為創投願意損失許多資金以換取一、兩家能讓他們獲取豐厚報酬的標的。證券法的變革，在一九七〇年代末期帶動創投業更加蓬勃發展，法規鬆綁讓年金基金、捐贈基金以及其他信託資金，更容易把錢投入由創投資本家打造的投資群體當中。芝加哥大學（University of Chicago，世界著名私立研究型大學，常年位列各大學排行榜世界前十）的保羅・岡伯斯（Paul Gompers）估計，從一九七二年開始的二十年間，創投資本家扶植了九百六十二家企業，帶領他們到掛牌上市。

很多人在這段期間都賺了大錢，但是**沒有一家公司比凱鵬華盈**（Kleiner Perkins Caufield & Byers）**更具影響力**，它訂出了遊戲規則，也將資本導入多家企業。雖然凱鵬華盈如今已經不再是產業領導者，但是這家公司在創業的前十五年極為成功，並創下了許多範本，許多競爭對手如今仍沿用。**尤金・克萊納和湯姆・帕金斯**這兩位投資人一九七二年時創辦了凱鵬公司，並將其發揚光大（另外兩位合夥人法蘭克・考菲爾〔Frank Caulfield〕和布魯克・拜爾斯〔Brook Byers〕一九七七年才加入）。

眼光獨到，投資過谷歌、網景、亞馬遜

克萊納的父親一九二三年生於奧地利，在一九三八年德國入侵不久後即逃離家鄉。克萊納一家曾在布魯塞爾、西班牙短暫停留，最後到了葡萄牙，坐上了一艘開往紐約的船。克萊納曾短暫受過機械工訓練，之後被美國陸軍徵召入伍，由於他具備德語能力，二次大戰期間便負責看守戰俘營。退伍之後，他在現已併入紐約大學的布魯克林工學院（Brooklyn Polytechnic College）取得機械學士學位，之後在紐約大學取得碩士學位。

克萊納曾在西方電器（Western Electric，美國電器製造商）擔任工程師，之後他做了一個影響一輩子的決定，接下一份和諾貝爾物理獎得主威廉・肖克利（William Shockley）共事的工作。這不僅代表他必須搬到加州，也讓他能接觸到一群才華洋溢的科學家。可惜的是（或者可以說是幸運的），肖克利是很蹩腳的主管，很快就讓所有員工避之唯恐不及。確實，情況後來變得很糟糕，導致團隊另外自行創業，克萊納利用自己的人脈，說服一家對手公司投資他們。

應運而生的新公司叫快捷半導體（Fairchild Semiconductor），這家公司大為成功，短短三年，業主就履行選擇權買下團隊的股份，團隊裡每個人都賺到了二十五萬美元（以二〇一五年的價值計算為兩百萬美元）。與半導體科技的重要性相較之下，這只算是一筆小錢，但也給了克萊納有足夠的資本成為創投投資人。在接下來的十二年，克萊納持續涉足科技業，創辦自己的創投公司依德士（Edex，音譯），一九六五年時以五百萬美元賣給雷神公司（Raytheon，美國國防合約商）。**他也投資其他發展中的科技公司，最知名的是**他的前同事戈登・摩爾（Gordon Moore）和羅伯・諾伊斯（Robert Noyce）所創辦的**英特爾（Intel）**。

至於帕金斯和克萊納則大不相同，他的背景傳統多了。帕金斯一九三二年生於紐約州的白原市（White Plains, New York），後來在麻省理工學院攻讀機械，在那裡認識了喬治斯・杜洛特，又在哈佛拿到企業管理碩士學位。接著，他在惠普（Hewlett-Packard）擔任行銷職務，當時的惠普是一家規模小但成長快速的科技公司。他曾短暫離開惠普，到一家不太成功的新創公司工作，但日後回鍋，在企業階層中不斷往上爬。確實，他善盡職守，不僅把電腦部門從附屬活動變成公司的核心，還進行組織重整，以因應大幅擴張的電腦事業規模。

然而，惠普的大老闆們很直接了當的告訴他：「你永遠也不可能成為執行長。」不過，同時間他也投資一家名為大學實驗室的新創公司（University Laboratories），最後被光譜物理公司（Spectra-Physics）收購，替他賺進好幾百萬美元。擁有資金以後，再加上想接受其他挑戰，帕金斯相信，傳統金融機構或少數的創投公司，已經無法滿足科技業對於早期發展資金的孔急需求，因此他離開惠普成立自己的創投公司。當他試著募資時，一位投資銀行家建議他和克萊納結盟，因為克萊納也在做相同的事。

一九七二年凱鵬公司應運而生，一年後就開始投資企業。到了一九八六年，克萊納卸下正式職務，不再參與凱鵬公司日常營運，但仍以非正式顧問的身分待在公司。帕金斯最後也退居一旁，惟仍和凱鵬公司以及他們協助籌資的公司保持關係。帕金斯參與的投資案包括亞馬遜（Amazon）、網景通訊（Netscape，美國的電腦服務公司，以其開發的同名網頁瀏覽器而聞名）和谷歌（Google）。雖然帕金斯從未揭露他的身家，否認報導說他坐擁超過十億美元，但他很有錢，曾買下一艘價值超過一億五千萬美元的遊艇。

投入資金前，要確定做出來的狗食，狗會想吃

創辦凱鵬公司之前，創投資本家多半都是被動的投資人。這是指雖然他們花很多心力選擇好公司然後投資，但不會直接干預這些公司的日常管理或決策。但是，帕金斯和克萊

納基於自身過去的經驗，兩人都相信必須使用更直接的做法。因此，凱鵬公司採取積極主動，**決定投資的公司該如何經營**。包括在董事會占有席次，甚至帶入外部的高階主管來幫忙創辦人經營公司。

另一項決定他們是否投資的重要因素，是標的公司欲發展的基礎科技是否會有市場。這個標準聽起來或許很淺顯，但他們兩人都知道**科學家很容易會因為鑽研科技而走偏方向**，根本不會考慮到底能不能賺錢。克萊納就說過一句名言：「**研發結束後，要確定做出來的狗食，狗會想吃。**」他也不喜歡聚焦在小市場的構想，他主張「**新公司區分市場，就好像兩個禿子為了一支梳子你爭我奪。**」

運氣好？十七項投資裡有十項賺錢

凱鵬公司最著名的輝煌成就之一，是投資生物科技業的基因泰克公司（Genentech）。基因泰克公司成立於一九七六年，創辦人是加州大學舊金山分校（University of California San Francisco）的教授赫伯特．博耶（Herbert Boyer），以及曾任職於希托斯科技公司（Cetus Technologies）的羅伯．史旺森（Robert Swanson），而希托斯公司也曾是凱鵬的投資標的。基因泰克公司的目標概念，是利用新的基因工程科技來製造人體的胰島素以及其他醫療方法。凱鵬公司內部進行討論，並和外部顧問查核這項科技之後，他們同意投資十萬美元（後來增至二十萬美元），前提是要指派帕金斯擔任新公司的董事長。

直接生產胰島素成本很高，因此基因泰克公司不這麼做，改為把重點放在比較簡單的目標上，生產體抑素（按：生長素抑制因子，為神經傳導物），結果大為成功。這方面的商業價值雖然有限，但證明了這項科技確實可行。因此，基因泰克公司得以和一家藥廠達成結盟協議，生產人體胰島素。在這項交易中，藥廠支付高額的研發成本。一九七八年時達成目標，全世界喧騰一時。

兩年後，基因泰克公司上市，凱鵬公司手中的九十三萬八千八百股、每股價值三十五美元，總值近三千三百萬美元。這代表短短不到四年的報酬率已經超過一百六十二倍。到了一九八六年，也就是凱鵬公司投資的十年之後，其股權價值已經增至一億六千萬美元，價值幾乎是每年翻倍。整體而言，克萊納第一檔基金的價值從一九七三年的七百四十六萬美元開始成長，到了一九八六年達三億四千五百五十六萬美元，平均報酬率為三四．三%（由於資金並非一次完全投入，不然內部報酬率〔internal rate of return〕會更高）。

有一點很有趣且值得一提，那就是基金最終價值裡近九五%都來自兩項投資：基因泰克公司和天騰電腦（Tandem Computers），後者是一家專精網路系統的公司，設計出一套軟體系統，就算電腦的某些部分中斷或完全當機，仍能繼續運作。你可以說他們兩人運氣絕佳，但他們的十七項投資裡有十項都賺錢，就算基因泰克公司和天騰電腦也不幸失敗，最終的價值也還有一千九百二十萬美元，年報酬率還是不錯，達到七．五％。

就算商品再有趣，投資前務必研究市場潛力

前一章提過，多數的散戶投資人無法直接投資新創公司（但現今群眾集資的出現，可能會改變局面）。無論如何，一般股東幾乎無法大力影響持股公司所做的決策。而好消息是，**對於想要買進科技公司與快速成長公司的一般投資人**，多一點想像力再增添一點與克萊納一樣的水平思考，也可以從他們的投資中觀察受惠。

比方說，克萊納宣稱，談到股票的公開上市：「**風夠強的話，連火雞都能在天上飛。**」他也坦白的說：「**創投資本家絕對不會停止複製成功模式。**」實務上，這代表當人們對於某些科技非常熱情，或是新類型的公司成功了，創投資本家就會開始投注大量的資金，讓創投後進群起效尤。在此同時，精明的投資人就會拿這股熱情換取現金，**把同一產業中平庸的新創公司推上市**，相信一般大眾願意支付溢價買進這些公司。

然而後面這些公司多半到頭來都是很糟糕的投資。網路顯然改變了全世界（就算速度並不如人們預期的那麼快），如亞馬遜和蘋果等優質企業，也一直都是非常出色的投資標

的，然而，在一九九九年到二〇〇一年期間，某些很差的公司也被帶上市，例如電子玩具網（eToys.com），這些公司的股價在開始交易前幾天飆漲，很快就跌落谷底、甚至破產。這種事情在其他科技泡沫期間也一再發生，和一八五〇年代的鐵路發展熱潮如出一轍。

確認科技或產品的潛在市場夠大、足以撐起一家公司是很重要的事，如果該公司會面臨競爭，這一點更加重要。一家企業就算發展出**有趣的產品，也不一定具有商業潛力，你要自行查核**。

專攻科技業的投資人，必須對未來的科技趨勢有想法。如果一家公司的主產品到頭來會因為新興的科技而過時，那麼，這項投資就不是好主意。克萊納說了：「**切記不要買一臺要價三萬美元的冰箱。**」反過來說，某些產品或服務可能必須大降價、甚至虧損求售才賣得出去，才能創造出市場，因為「新產品的早期使用者有兩種，一種是願意嘗新的人，另一種是希望產品自動送上門的人。」

成功遵行這套策略的典型範例，就是亞馬遜這家公司。亞馬遜自一九九七年上市到二〇〇一年之間都無法獲利，原始的規畫雖然早就提到公司有好幾年都不會賺錢，但在科技泡沫破滅期間很多人都在猜，這家公司最後可能連利息都付不出來。然而，堅守這家公司、跟著公司一起轉型到零售業的投資人就像中了大獎，見證了股價從一九九七年的十八美元開始上漲，整整二十年後漲到一萬一千六百美元（針對拆股調整），光是計算股價的上漲，年報酬率就高達三八%。

克萊納也非常欣賞「比媽媽更能提供好建議」的董事。不同國家所做的幾項研究紛紛指出，良好的企業治理可以拉高股票報酬率。舉例來說，巴賽爾大學（University of Basel，瑞士最古老的大學）的沃夫岡・卓倍茲（Wolfgang Drobetz）發現，在一九九八年到二〇〇二年期間，買進企業治理水準高、賣空治理不當的德國公司，可以賺得一二%的異常高額報酬。同樣的，二〇〇三年時華頓學院的保羅・岡伯斯（Paul Gompers）發現，一九九〇年代如果在美國投資市場套用相同策略，也可賺得近九%的超額報酬。

投資我最強——尤金．克萊納和湯姆．帕金斯

指標	得分	評論
績效	★★★★★	雖然公開記錄很少，但證據指向凱鵬華盈公司在1970與1980年代為投資人賺得豐厚報酬，即便用創投公司的標準來看亦同。帕金斯也做了一系列很成功的投資，讓他個人累積出大量財富。
長期性	★★★★☆	克萊納參與凱鵬華盈僅14年，而帕金斯從事科技業投資則有幾十年的資歷。
影響力	★★★★☆	凱鵬華盈做了很多事，不斷琢磨精煉杜洛特的創投資本投資方式。確實，很多專家認為，矽谷科技聚落基本上是由一小群人打造出來的，克萊納與帕金斯便是其中的兩人。
複製投資方法的難易度	★★☆☆☆	除非你有大量資金可以投資，不然的話，多數投資人都無法從事早期階段的創投資本投資。然而，美國的那斯達克（Nasdaq，那斯達克股票交易所是美國的一間電子股票交易所，創立於1971年，是現在世界上第二大的證券交易所，上市的公司以高科技公司為主）和英國的AIM（另類投資市場，Alternative Investment Market，是倫敦證券交易所的第二板交易市場，容許小型公司在較主板市場寬鬆的財務條例下將股份上市）上有很多小型企業公司掛牌。
總分		15 顆星

第15章

離群索居，放眼海外，是我的獲利模式

二十世紀最偉大的全球選股者

約翰．坦伯頓（*John Templeton*）

即便在現代，英美兩國的投資人仍偏好投資國內股市。確實，美國的散戶投資人持有的股票九〇%都在美國各交易所上市，但美國市場在全球股票市值中僅占一半。你可能會覺得專業的投資經理人可能沒那麼保守，然而，一般的美國共同基金只有四分之一的資產投資海外。英國股票基金有一半的資產比例投資富時成分股，但富時在全球股市中比例僅占極少的七%。

如果把時間拉回到二次大戰後的期間，這種「家鄉偏好」更嚴重。確實，當時一般的想法是，任何海外投資都是一項無法控管的風險，就算是只要一筆小錢也一樣。雖然交易成本降低、資訊更加流通與新興市場的掘起發揮了一定的作用，把投資世界變得更小。然而，要等到有勇氣到海外冒險的經理人有了成就，也展現了一定的力量，才說服了一般投資人放眼海外。其中一位知名的經理人，便是約翰·坦伯頓。

買下每一檔不到一美元的個股

坦伯頓於一九一二年生於田納西州，他自學數學，之後進入耶魯大學（Yale University，美國康乃狄克州的私立研究型大學，是全美第三古老的高等學府）就讀。當時美國才剛要從大蕭條（Great Depression）的餘波中復甦，這代表他身為律師的父親無法支付他的大學學費，因此坦伯頓用他從撲克牌賽局中贏來的錢完成學業。他一九三四年從耶魯畢業，之後繼續以羅德學者的身分前往牛津大學進修。（按：Rhodes Scholar / Rhodes Scholarships，一九〇二年設立的國際性研究生獎學金項目，每年挑選各國已完成本科的菁英學生前往牛津大學進修）不過讓他留下最深印象的，是他結束牛津的研究生涯後，**花了七個月的時間在世界各地旅行**。坦伯頓此行造訪了近二十六個國家以上，包括德國、印度、中國和日本。

結束旅程返國後，坦伯頓在芬納賓納證券公司（Fenner and Beane）找到一份工作，這家公司日後被美林證券（Merrill Lynch，美國紐約市的證券零售商和投資銀行）收購。主管對他的表現大為讚賞，幾年後，對方借給坦伯頓一萬美元（以二〇一五年的價值計算為十一萬一千美元），幫他從某位即將退休的人手上，收購一家投資顧問公司。二次世界大戰開戰（一九三九年）不久後，坦伯頓也拿出資金，投資紐約證交所裡每一檔價值低於一美元的股票，包括很多當時正經歷破產的企業。坦伯頓宣稱，這些股票到了一九四三年價值四萬美元（現金金額約為五十四萬八千美元）。

坦伯頓與合夥人在一九四〇年代與一九五〇年代，持續擴張他們的投資顧問業務，但他對於公司的龜速發展腳步感到十分挫折，於是設法經營一檔基金來多賺點錢，欲從大規模的資產基礎中分得一杯羹。他如果在加拿大設立基金可以得到稅賦上的利益（這代表他的投資人不用繳納兩次資本利得稅），這一點也讓他蠢蠢欲動。因此，一九五四年他決定成立一檔共同基金，藉此接觸更多群眾。雖然他嘗試銷售基金的工作並不太成功，但坦伯頓還是一直管理基金，連同他一九六〇年代的投資事業，直到他一九九二年退休，到了這時，**坦伯頓把基金賣給同屬資產管理業的對手**富蘭克林公司（Franklin），據報售價是九億一千三百萬美元。

退休之後，再加上把基金賣給富蘭克林公司，讓他有更多時間精力投入慈善活動，把生活重點放在檢視科學與宗教之間的關聯。然而，他與投資世界仍有所聯繫，協助後繼者管理坦伯頓成長型基金（Templeton Growth Fund），為他們提供建議與指引。在此同時，他也管理自己以及一小群精選私人投資人（最值得一提的是，坦伯頓在二〇〇〇年科技泡沫破滅之前就先建議他們出脫股票）的資金。

離群索居，放眼海外，是我的獲利模式

早年身為投資顧問時，坦伯頓的重點是要客戶**根據他認為股市應有的合理價格，來改變股票的投資布局**，藉此賺取不錯的報酬。具體而言，當某家公司的股票歷史本益比和股價淨值比倍數很低時，他會建議客戶提高股票布局，本益比高時則建議顧客減少持股。

確實，他晚年回歸資產管理業替客戶救回很多錢，因為他請客戶在網路泡沫高峰時出脫股份。當時這種做法稱為「耶魯投資法」（Yale Method），現在比較通俗的叫法則是「戰略性資產配置」（tactical asset allocation）。

但在管理坦伯頓成長基金時，他用的方法很不一樣。確實，無論經濟狀況如何，他會不顧任何資產配置或掌握市場時機等的考量，偏好挑選他認為表現很好的個股。當然，他在一定比例的基金資產中保留現金，讓他可以因應情況贖回投資，並隨時準備把握良機進場。以一般的投資標準來看，基金經理人的現金部位持有量很少，大部分期間，投資在股票上的資產至少在基金中占八五到九五％。

坦伯頓讀的第一本投資書，是價值型投資掌門人葛拉漢所寫的《證券分析》，因此，他非常認同葛拉漢強調要找到物超所值的標的，他也同意重點是不要溢價購買一家公司的股票。但他相信，**就算某些公司的股票帳面上看起來不算便宜，只要未來的成長性看好且獲利率夠高，足以支撐股票價格，仍算是物超所值**。

為了**找到被市場低估的股票**，坦伯頓認為在情緒上**必須與市場共識切割**。他覺得，如果太靠近華爾街，要做到這一點是難上加難，因為他會很容易被群眾共識影響。故而，坦伯頓將辦公室搬離紐約。一開始，他只是搬到附近的紐澤西，但一九六八年時他離得更遠，來到加勒比海的巴哈馬，然後取得英國公民身分（最後也讓他得以在一九八七年，被英國皇室受封為騎士）。

在他的投資策略中，最重要的部分是他的全球展望。坦伯頓覺得，**多數投資人都忽略了海外市場，減少了找到良好投資目標的機會**。因此，坦伯頓開始把大量的資金投入海外的企業股票。確實，在他所有的股票投資組合中，美國股票一度僅占一六%；如果基金配置反映出投資標的的重要性，那美國投資的重要程度相對很低。坦伯頓的投資方法帶來豐厚報酬。一九五四年到一九九二年間，坦伯頓成長基金的年報酬率為一六%，比同期標準普爾五百指數一一%的報酬率高了很多。有意思的是，他最高的報酬率出現在一九六九年之後，從一九六九年到一九九二年的年報酬率達一八．三%（比摩根士丹利指數的報酬高了六%）。這樣的成績，再加上一些精巧的行銷手法，使得坦伯頓的各檔基金規模大幅成長。一九五五年時僅值六百萬美元，到了一九八一年已經有七億五千一百萬美元。

成長基金連同坦伯頓的其他基金於一九九二年售出，在此之前坦伯頓管理資產的總值已經達到一百三十億美元。

眼光精準投資日本股市，泡沫之前完全撤離

最能闡述坦伯頓投資方法各有優缺點的例子，就是他在日本的投資。戰後時期，日本

的企業看起來沒有特別便宜，但是由於日本人使用的是國內特有的會計系統，這表示實際利潤會比帳面上高很多，這也就是說，日本企業的股票其實很廉價。同時，坦伯頓也體會到日本經濟正在飛快擴張，而且政治極為穩定，降低了企業成長遭到干擾或政府課徵重稅的風險程度。

因此，當**日本在一九六〇年代末期**，終於撤銷資本控制政策時（由於這些措施，導致過去海外投資人很難購買日本股票），**坦伯頓便將大量的資金挪到日本**。一九六四年時坦伯頓並未持有任何日本股票，五年後日本股票在他的投資組合中卻已占了一八％，當時，日本股市市值在全球中的占比約為三％。到了一九七四年，坦伯頓的投資組合中有近半是日本股票，相比之下，摩根士丹利世界指數（MSCI）中的日本投資占比僅一二％。

坦伯頓的投資剛好趕上日經指數（Nikkei，日本股市股價指數）飛漲，從一九六八年初算起，日經指數在十二年內翻漲五倍半，年度增幅約為一五％，這還沒有計入股利。一九七〇年代坦伯頓的基金績效也因此大大受惠。然而，到了一九八〇年代初期，價值上漲也代表日本股票不再便宜，坦伯頓也隨之減少他的日本布局，到了一九八九年泡沫顛峰之時，他已經不再持有任何日本股票，此時日本股市市值在全球中的占比已達四〇％。

一九八〇年代早期就退場，雖然有損坦伯頓基金的績效，但仍贏過大盤。當市場在一九八九年底時到達最高點並開始崩盤，證明了坦伯頓的擔心是對的。即便日股曾在一九九〇、九一年的冬天短暫反彈，但到了一九九二年夏天之前仍下跌近六〇％。即便到了今天，離坦伯頓不再直接管理基金已經過了二十五年，日經指數的水準仍不到泡沫頂峰時的一半。

價值型投資不要情緒，極需耐心

比起坦伯頓的時代，現代的一般投資人更能輕鬆進入許多投資領域，國際投資便是其中之一。坦伯頓花了很多時間在世界各地飛來飛去、尋找機會，還必須和國際投資的官僚體制交手，而現在，網路上就有各個國家與各家企業的大量資訊。線上交易省去了海外投資的高額交易成本與繁雜手續，更有很多海外企業在英美股市都有掛牌，此外還有國家別或類股別的指數股票型基金，這都是買入海外市場的低成本管道。

但透過電腦與電視螢幕層層傳遞**大量資訊也有缺點**，那就是**情緒越來越難跳脫華爾街的市場波動**。確實，就算你像坦伯頓一樣幸運，可以逃到加勒比海，還是會被大量的新聞與市場小道消息轟炸，彷彿人就親自置身華爾街。其解決之道，或許是**要精挑細選你收到的資訊**。

如果你想跟隨坦伯頓的腳步，最重要的是，你要極具耐性。買進被低估的股票、然後看著股價飛漲，會讓人心滿意足；但是，看到股價停滯甚至下跌，也會帶來嚴重的挫折感。當然，一旦價格起飛不再便宜，就會來到你必須出脫投資的時機點（就像坦伯頓處理日本的投資）。確實，**價值型投資者真正的試煉，是要能抗拒衝動，不要跟隨群眾湧進被高估的市場**，例如一九八〇年代末期的日本。就算終究會證明你是對的，但仍要有鐵的紀律，才能貫徹這種投資方法。

投資我最強——約翰・坦伯頓

指標	得分	評論
績效	★★★★★	坦伯頓有近40年的時間，績效都勝過標準普爾五百指數，差距約有4%。他也讓坦伯頓成長基金壯大，從小基金變成130億美元的巨獸。
長期性	★★★★★	坦伯頓自1930年代中期從事投資，直到1990年代初期退休為止。
影響力	★★★★☆	英國的投資信託自19世紀起就投資海外，而坦伯頓發揮了重大力量，鼓勵美國基金經理人和私人投資者考慮海外企業。
複製投資方法的難易度	★★☆☆☆	你可使用各種指數股票型基金來布局海外，投資特定地區或國家。許多海外公司都在英美各交易所掛牌。然而，你離主要市場越遠，直接買賣海外股票的成本就越昂貴。
總分		16 顆星

第16章

賣空需要在有限的時機裡操作

做空及運用複利的魔術師

羅伯·威爾森（*Robert Wilson*）

賣空這項操作是投資界最大的爭議之一。確實，很多人認為，賣掉你實際上未擁有的股票，並期望未來價格下跌，好讓你能用比較便宜的價格回補，賺取價差，這是很不道德的做法，從別人的不幸當中獲利。空頭賣家也被指控是導致個別股票、甚至是整個股市崩盤的禍首（這其實不太有道理）。即便今天，當一家公司的股價跌到一定的價格以下之後，要賣空就會遭遇限制。

雖然從事賣空的投資人與賣空的交易次數都很多，但以此為投資策略核心的人就少很多了，主要原因有二。第一，如果你要和一家企業對賭，你的賣空投資能賺到最高的報酬率是一〇〇%（這是當一家公司的股價掉到零時的報酬率）；反之，你的損失理論上無限大，因為股票上漲的幅度沒有上限。另一個理由是，股票的長期表現看來優於債券與現金，因此，除非你特別聰穎能找到適合做空的股票，不然的話，長期看來你很可能有極大的機率會虧錢。

也因此，從事賣空的投資人要在有限的時機內操作，比方說索羅斯在黑色星期三之前，或是李佛摩在華爾街崩盤之前，要不然就是純粹利用賣空避險，讓投資組合免受市場波動衝擊。羅伯．威爾森則是少數的例外，在他主動投資市場的三十餘年間，建構了大量的個別空頭部位，這些部位是用來獲利，而不僅是為了管理風險。

大起大落的投資人生，以慈善事業告終

威爾森一九二六年生於底特律，一九四六年從安默斯特學院（Amherst College，美國麻省第三古老的高等教育機構，也是全美排名最高的文理學院之一）畢業，取得經濟學學位。他曾在密西根大學（University of Michigan，位於美國密西根州，是一所世界著名的公立研究型大學）法學院待了短短兩年，後來決定輟學，在波士頓第一銀行（First Boston）找到一份工作。服完短暫的兵役之後，他又回到波士頓第一銀行待了一段時間，接著他決定要在底特律國家銀行（National Bank of Detroit）的信託部門找一份比較長期的工作。他說，就是這段機遇教會了他投資。

確實，威爾森很想賺大錢，因此，一九五六年時他把全部的儲蓄兩萬美元都投入股市。問題是，他還動用借來的錢，以求買進更多股票，但是他進場的時機就在股市下跌之前。他**動用槓桿**，代表當他投資的兩檔股票（ＩＢＭ和休士頓照明與電力公司〔Houston Lighting & Power〕）即使僅暫時下跌，他就得鎩羽而歸。諷刺的是，這兩檔股票很快反彈，在之後的幾十年表現甚佳，但是威爾森已經敗光積蓄。

一九五八年，他得到母親的遺產一萬五千美元，讓他可以重新投資股市。在此同時，他決定遷居紐約，然後在接下來的十年，他在紐約為幾檔投資基金效力，並一邊管理自己

的錢。到了一九六八年，他當時任職的貝克證券（A.G. Becker），越來越擔心威爾森在處理交易時使用的大量槓桿，對他下了最後通牒：要不就採用和緩一點的策略，要不就另謀高就。到了此時，他自己的帳戶資金已經很豐沛，因此他決定離職。

同一年，他便決定成立屬於自己的避險基金——威爾森合夥基金（Wilson and Associates）。一九七〇年代初期股市下挫，嚴重衝擊他的績效，導致多數投資人離他而去。但基金很快反彈，短短幾個月內就讓他達成損益兩平。但投資人的不信任讓他感到憤怒，於是**威爾森把所有的資金退回給剩下的投資人，轉而把重心放在自己的投資上**（但之後他仍有參與一些小型的外部投資合夥事業）。

接下來的十五年，威爾森仍繼續主動管理自己的資金。到了一九八六年，他覺得明顯的投資機會已經大幅縮減，他再也無法繼續贏過市場，便決定該退休了。因此，他出售主動性的投資，把管理資金的日常責任交託給一群基金經理人。他也開始做小型的慈善事業。到了二〇〇〇年，他決定把大部分的財富捐贈給一家私人慈善基金會。他於二〇一三年底過世，之後，剩餘的財富也全數捐做慈善。

空頭部位可布局於三類公司

威爾森的策略是做多股票，之後他用精選的空頭部位抵銷一部分多頭布局。而為了提振報酬，他接著加入槓桿，靠著借錢增加資金。確實，根據替威爾森寫傳記的羅莫爾．麥菲（Roemer McPhee）估計，威爾森的投資資金有八成都是借來的。空頭部位雖能降低市場波動的衝擊，但是使用高槓桿表示如果他挑的多頭與空頭標的錯了，就算只是短期，都可能快速面臨大量虧損。

威爾森的多頭部位主要配置在成長型股票。身為個人投資戶，資本利得比領取股利要繳的稅低很多，這一點讓他大大受惠。他也喜歡成長型企業的股價波動性，比傳統的股票更多一點，這讓他更有機會大有斬獲。威爾森尤其青睞兩類成長型企業：**創新程度高於競爭對手**，因此可保有市占率和高獲利率的企業；另外就是**處於高度成長產業的企業**。

威爾森的空頭部位可以歸納為三類。第一類，他做空那些他覺得被經理人與其他投資人**吹捧過頭的公司**，這些人將股價推高到超過理性投資人願意給付的合理價格。他也喜歡去賭過去表現不錯，但他認為**面對競爭很脆弱的公司**，競爭弱勢會壓低企業的獲利率，進而壓低實質利潤。最後，威爾森也做空他覺得**深陷泥淖**、**破產風險高的企業**，這些因素都會使得公司股票變成壁紙。

一萬五到八億

威爾森的策略雖然風險極高，但看來非常成功，實際報酬超乎他狂野的夢想。他在一九五八年投資一萬五千美元起家，到了一九八六年時投資組合達兩億三千萬美元，年報酬率達四〇%。能有這樣的好成績，是因為一開始的大爆發，他的財富淨值從一九五八年到一九六〇年間翻漲十倍，還有，他的正職顯然也替他的投資組合挹注了不少資金（這也進一步扭曲了報酬率數字）。但就算不計入前兩年的財富大躍進，其餘二十六年的年報酬率為三二・六%，同樣非常出色。如果考慮到一九六〇、一九七〇年代美國股市多次大跌，威爾森這樣的績效更堪稱可圈可點。

自一九八六年起，他的財富淨值從兩億三千萬美元不斷增長，二〇〇〇年時達到最高峰八億美元。這段期間年報酬率為五・三%，顯然沒這麼讓人驚艷，而且也凸顯了管理基金雇用外部基金經理人的問題。然而，此時也正是他開始捐錢給各慈善機構之時，這表示他必須提取自己累積的資金。整體而言，他的原始投資一萬五千美元在四十二年內增為八億美元，代表他的財富淨值年成長率僅稍低於三〇%，相較之下，同期標準普爾五百指數的年報酬率為一二・九%。

做多看公司的優勢，做空看公司有多脆弱

威爾森的一項多頭布局，是投資早期電腦業的資料點公司（Datapoint）。該公司的產品包括電腦終端機與個人電腦，技術水準大大優於同業，使用這些電腦的客戶覺得便利許多，這些理由吸引了威爾森。他相信，技術優勢代表資料點公司有很大的成長空間。這一點後來證明是對的，雖然資料點公司的股價在威爾森投入之前早已大漲，但他從一九六九年到一九八二年之間還是賺了十四倍。

另一項做多投資成功的範例，是連鎖餐飲的丹尼斯公司（Denny's）。威爾森所持的理由是，麥當勞的成功證明速食需求甚殷。他也欣賞丹尼斯餐廳遵循類似的加盟策略，但找到方法瞄準特定的市場區塊（咖啡加早餐，而不賣漢堡薯條），因此不會直接和麥當勞對抗。此外，這家餐廳知名度較低，股價相對便宜。威爾森就在一九六〇年代買進丹尼斯公司的股票，賺了很多錢。

一九七〇年代末期油價飆漲，一九八〇年初來到一桶將近四十美元的高價（針對通膨調整之後，相當於一桶約一百一十五美元），石油公司的股價也因此飆漲。威爾森相信，高油價不會持久，很多經營績效最差的石油公司極為脆弱，難以因應原油價格下跌。到了一九八〇年代中期，石油再度跌到每桶接近十美元，威爾森做空的公司很多最後都破產。

做空大師被軋空

雖然威爾森的投資很成功，但是世人對他記憶最深刻的，是他一次少見的失足：他在一九七六年到一九七八年間決定做空博奕旅館業的國際酒店集團（Resorts International）。國際酒店集團吸引威爾森的理由，是他認為這家連鎖旅館經營得很差，而且很可能浮報獲利。國際酒店決定在大西洋城（Atlantic City）開賭場，這讓他更看壞這家公司，因為他覺得很少人會想去相對寒冷多雨的大西洋城。他還抱持著看好戲的態度，因為他認為遏止組織犯罪的法規行動，會讓賭場更難收到賭債。

但投資人不同意他的評估，將股價從八美元拉高到接近二十美元。此外，新開的賭場後來很成功，因為這裡的路程離紐約較近（相較之下，到拉斯維加斯要搭很久的飛機）。到了一九七八年六月，該公司股價已經來到八十美元。威爾森認賠買回了一些股票，但仍有大量的空頭部位，他留著的理由是股價太高了，之後肯定會下滑。

但是，他虧損的耳語在華爾街傳了開來，投資人開始「軋空」（short squeeze），這是指投資人買進被大量做空的股票，預期最後價格會上漲，迫使做空的賣家必須回補部位，又進一步推高價格。

威爾森選擇去度個長假，讓事情更複雜，當他結束了一天的觀光行程後，發現股票交易員留了訊息要他趕快回補。最後他們要他結清部位，否則不會再給他任何信用額度。這迫使他投降，以每股一百八十七美元補回剩下的部位。他的整體損失到最後超過兩千四百萬美元。然而，他的多頭部位績效很好，因此當年只損失一千四百萬美元。

複利是世界第八奇觀，理解的人能賺得

基本上，所有專家都同意，無論採行什麼策略，一般投資人運用大量的槓桿就是個壞主意。然而，威爾森的成功證明，賣空可以創造報酬，而不只是用來迴避市場起漲時的風險。確實，在二〇〇八年時，德州農工大學（Texas A&M University）的費哈特・阿克巴斯（Ferhart Akbas）的研究指出，**被大量做空的股票之後的表現多半比大盤差**，這指向賣空的人大致上來說是精明的投資人。當然，他們之所以出色，原因在於他們必須時時保持最佳的專注狀態，到頭來才不會大虧。

威爾森和國際酒店集團交手的經驗證明，不管是因為市場無法預測、最初做空的理由錯了，或是兩者皆有，就算是最出色的做空賣家，偶爾也會陰溝裡翻船。確實，某些時候，賣空的虧損會比一開始的投資金額高好幾倍。

同樣要注意的是，威爾森的投資構想最初來自於他每天對談的大批經紀商，但之後他

還是會自己研究與分析，以判定想法是值得跟進、還是應該忽略，或者走向根本是完全相反的。

最後，威爾森長期之所以可以把一窩蛋變成一大筆難以想像的財富，證明了複利的力量（他持有丹尼斯長達十三年）。愛因斯坦（Albert Einstein）有一句名言：「**複利是世界第八奇觀。能理解的人能賺得，不理解的人則要付出代價。**」確實，就算威爾森的投資沒那麼成功，只要他跟上市場，他在一九五八年的一萬五千美元投資到了二〇〇〇年，價值也會將近兩千五百萬美元，是一筆很可觀的金額。

投資我最強——羅伯・威爾森

指標	得分	評論
績效	★★★★★	威爾森早期運用槓桿操作的經驗，讓他被掃出市場。他經營避險基金，雖然最後還是替客戶賺了錢，但那段時光並不太開心。然而，能把15,000美元最後變成8億，就算華爾街的薪水為他的投資績效錦上添花，但仍不可不謂超凡。
長期性	★★★★★	威爾森從事主動投資逾25年，而且40餘年來努力讓自己的財富增長。
影響力	★★☆☆☆	威爾森雖然大大成功，但仍大致上是被忽視的人物。即便時至今日，大家對他最耳熟能詳的事，就是他操作國際酒店集團大虧這件事情。
複製投資方法的難易度	★★☆☆☆	威爾森賣空和大量運用槓桿都是風險極高的策略，不建議一般投資人效法。他放棄正職全心投入投資，證明要成功落實這套策略需要專心致志。
總分		14 顆星

第17章

一切看數據，
澈底系統化操作

從21點贏到股市的天才數學家

愛德華・索普（*Edward Thorp*）

過去三十年來，金融業裡的「量化專家」（quants）、或者所謂的「火箭科學家」（rocket scientists）數量大增。這些人通常有科學、數學或統計學的背景，分析大量歷史數據以**找出市場中的異常**來獲利。他們會設計電腦程式自動利用這些異常，無須利用人工進一步操作。支持這種投資方法的人號稱，這麼做比傳統的選股方法更以證據為本，而且更客觀；傳統做法仰賴的是普遍認同的觀點，可能會過時，也會帶入過於主觀的人為判斷。

當然，批評者反對這樣的說法，他們主張，如果你檢視大量數據，很可能湊巧發現一些異常的數據，但實際上很可能是不合理的。確實，就算答案是肯定的，也不保證異常狀況會延續下去，如果其他人也在搜尋異常，那更是如此。他們也指出，很多科學家與數學家認為篩選金融數據非常無聊，和走在更尖端的金融研究沒得比。所以說，最後落腳在華爾街的科學專家，都是在其他地方無法得到更好的名聲，或無法對科學有所貢獻的人。

即便這些聰明的人都是最頂尖的，而且異常狀況也確有其事，**使用數學模型會讓人過度自信**。避險基金——長期資本管理公司（Long-Term Capital Management）便是一個典型的範例。這家公司成立於一九九四年，創辦人是所羅門兄弟投資銀行（Salomon Brothers）的前債券交易主管，以及兩名諾貝爾經濟學獎得主，一開始就使用大量槓桿，透過自動化債券交易賺了很多錢。然而，一九九八年俄羅斯債券違約後餘波盪漾，市場出現干擾，導致這家公司逼近破產，迫使美國聯準會籌辦紓困。

雖然有這些批評聲浪，但量化投資革命不太可能倒退。確實，你可以說，最能威脅到這些「火箭科學家」的不是傳統的選股人或監理機構，而是人工智慧的發展。有些避險基金（例如感知科技公司〔Sentient Technologies〕）已經設計出可自行提出投資策略的程式，讓量化投資者變成多餘的存在。有些人在量化發展趨勢中扮演了關鍵角色，索普就是其中一位最早使用系統性量化策略的投資人。

用數據分析打敗莊家，成為賭場拒絕往來戶

索普一九三二年生於芝加哥，但後來舉家遷往加州的洛米塔（Lomita）。他的化學和物理成績很好，替他爭取到加州大學柏克萊分校（University of California, Berkley，位於美國加州舊金山灣區柏克萊市，是一所世界著名的公立研究型大學）的獎學金，但之後他轉到加州大學洛杉磯分校（UCLA，公立研究型大學，創辦於一九一九年，是全美錄取率最低的公立大學之一）完成學士學位。拿到化學學士學位之後，他進研究所攻讀數學，一九五八年拿到博士學位。在此同時，他去了賭城，激起他對於二十一點（Blackjack，擁有最高點數的玩家獲勝，其點數必須等於或低於二十一點；超過二十一點的玩家即為爆

牌）的興趣。他在麻省理工學院拿到博士學位後研究時領悟到一件事，那就是如果你調整策略，考慮之前拿到的牌，就可能會有一點點的優勢賭贏莊家。

索普在一九六一年發表他的研究，廣獲讚譽贏得知名度。業界很多人對於可能持續勝過莊家這件事表達懷疑，但有些投資人用白花花的鈔票支持他的想法。他後來又去賭城替自己和同伴賺了很多錢，但他們很快就發現自己被多數賭場拒於門外。（索普宣稱，有一家賭場在他賭博時，在飲料裡摻入了烈酒，甚至還在他的汽車油門上動手腳。）

索普後來在一九六二年出版了暢銷書《打敗莊家：二十一點致勝策略》（*Beat the Dealer: A Winning Strategy for the Game of Twenty-One*），在書中詳談他的策略。這本書激發很多賭徒試著跟隨他的腳步。然而，雖然算牌是合法的，但賭場也可用幾種反制手段來對付任何有算牌嫌疑的賭客，包括改變賭局規則、提高莊家的勝率（比方說，降低某些賭注的賠率）、防止可疑的算牌客出入賭場。

索普想要破解的賽局不只是二十一點而已。還在麻省理工學院時，他就設計出一部機器來預測賭場輪盤的球可能落在哪個區域。他在賭城做的初步測試，證明這部機器效果很好，可以持續創造利潤，但問題在於裝置本身非常脆弱。最後，他判定若要進一步開發的話會耗掉他太多時間，於是放棄這項計畫，但過不了多久，他就發展出被很多電腦科學家認定為先驅的——第一套穿戴式電腦。

一九六〇年代中葉，他把注意力轉向股票市場。一開始他試著遵循既有的投資策略，閱讀葛拉漢的《證券分析》以及一些技術分析和數據圖表的研究。然而，他早期投資股市的經驗讓他相信要採行更具科學性、系統性的方法。後來，選擇權（一種衍生性金融產品，選擇交易與否的權利。當契約買方付出權利金後，享有在特定時間內向契約賣方依特定條件或履約價格，買入或賣出一定數量標的物的權利，這種權利就稱為選擇權）市場吸引了他，他的關注焦點也因此轉移，很努力要想出一套可以持續獲利的方法。一九六六年時，已成為加州大學爾灣分校（University of California, Irvine）數學系教授的他，在另一本暢銷書《打敗股市：股市的科學系統》（*Beat the Market: A Scientific Stock Market System*）裡詳談他的策略。

一開始索普只管理他的朋友、學術圈同儕以及對數據分析有興趣的投資人資金，但在和巴菲特會談之後（當時巴菲特正要結束他自己的基金），他說服索普應該將各個帳戶整合起來，正式成立避險基金。他從善如流，和在布樹證券公司（Butcher & Sherrerd）擔任股票經紀人的傑伊・雷根（Jay Regan）聯手創立可轉換避險基金公司（Convertible Hedge Associates），日後更名為普林斯頓紐波特合夥事業（Princeton Newport Partners，簡稱PNP）。

PNP是第一批量化避險基金之一，營運期間為一九六九年到一九八九年。最後PNP

關門大吉，是因為辦事處兩名資深經理受到調查，這兩人被控幫忙爭議性極高的垃圾債券（信用評等很低，利用高利息吸引投資人的債券）投資人、兼內線交易人麥可・米爾肯（Michael Milken），協助他隱匿某部分股權。他們的罪行最後並不成立，索普這邊的業務也未牽扯其中，但他決定和雷根分道揚鑣。之前的投資人說服他成立第二家基金——山稜線合夥事業（Ridgeline Partners），自一九九四年起營運了八年。索普自一九九二年到二〇〇二年也替一家大企業操作資產管理帳戶。

在一九九〇年代，索普繼續從事各項專案，包括擔任投資顧問。在我寫作本書之時，他正從事幾項生物科技專案，其中包括延長眼角膜在移植之前的儲存時間。

「統計套利」讓投資有條不紊，不受大盤影響

索普最初把重心放在權證（warrant），設計出一套公式讓他可以精準定價；權證是一種期間較長的買入選擇權，權證持有者可用特定價格買進股票。透過進一步的研究，他發現市場常高估這類產品的價格。因此，藉由**做空賣出高估程度最嚴重的權證**、並買入對應公司的股票以限縮風險上限，這讓他持續獲利。偶爾會出現極罕見權證被低估的情形，此時他就反向操作，買進權證並做空股票。

在接下來二十年，PNP在其他市場尋求類似機會，一開始先從可轉換債券開始，也從事配對交易，找到同類股中交易情況通常相近、但偶爾會分歧的兩檔股票。避險基金會買進股價較差的、賣出股價高漲的，賭的是兩檔股票價格將再度趨近。第三套策略在一九八〇年代大宗商品市場動盪時很盛行，利用的是交割日不同的黃金期貨價差。

另一個重要概念，索普稱為「統計套利」（statistical arbitrage）。索普設法**找出各項指標（例如價格動能〔測量漲跌速率的技術指標〕和本益比）對於未來報酬率的影響**，之後，他利用相關的發現寫出一套電腦程式，不僅可以根據個股的獲利能力排序，還可以用程式計算，做多將來會有出色表現、做空預期下跌的個股。利用這樣的避險，可確保報酬不會被大盤的走向影響。

這些策略其實並不新奇。操作可轉換債券套利早已存在幾十年，而李嘉圖在十九世紀初時，也早已開始發展配對交易的雛形。買進本益比或股價淨值比低的股票，也是投資界早就有的策略，自一九四八年葛拉漢的《智慧型股票投資人》問世之後更加風行。**而索普用電腦探查機會**，之後更進一步自動執行大量交易，這代表PNP的投資比其他基金更井井有條。

當然，PNP還保留了由真人審酌的元素，聘來了所羅門兄弟投資銀行的債券交易專家，也投資其他經營非常出色的避險基金。這些偏向較傳統獲利方式的做法，大致上來說也很成功，但索普最終相信，**客觀的數據導向投資，能創造優越的報酬，並可避免管理大量人力帶來的壓力**，因為每一個人對市場都會有不同的看法。因此，索普之後的基金如山稜線合夥事業與其他管理帳戶，幾乎完全仰仗電腦得出的投資決策。

大盤跌了二六·五%，數據分析交易還賺

在PNP營運的二十年間，可說是大大成功。由於前述的政府調查，後來通過一些法案，最後導致這家公司分崩離析，終究走上結束一途，但還是在營運期間創造出亮麗的報酬。一九六九年十一月PNP成立時如果投資一千美元，到了一九八八年十二月（基金此時不再投資，開始清算資產）價值為一萬三千九百二十美元，相當於年報酬率為一五·一%，相較之下，標準普爾五百指數的平均漲幅為一〇·二%。這一點當然讓人讚嘆，更值得一提的是其績效波動性遠遠小於市場，而且**沒有任何一年的報酬率為負值**，就連一九七四年大盤跌掉二六·五%時也不例外。

索普在一九九二年到二〇〇二年之間操作的管理帳戶績效更好，十年來的平均報酬率為一八·二%，相較之下，大盤的平均漲幅僅有七·八%。這表示，如果一開始投資一萬美元到這檔基金，最後可能拿回五萬四千八百美元。雖然這些數字都是總額（投資人實際

拿回來的會少一點，因為要支付手續費用），但重點是這些報酬的波動幅度極低。確實，索普宣稱，如果將低風險加權算進獲利績效，帳戶的報酬實際上比大盤高了五倍。

系統性投資不僅可以獲利，還能識破馬多夫

PNP採用系統性的投資風格，根本不可能找出任何獲利特別豐厚的單項交易，但索普確實做了幾筆漂亮的投資。一九八二年以後，他用自己的錢大量買進巴菲特的波克夏海瑟威股票，也向朋友推薦這檔股票。他發現互助儲貸機構（mutual savings and loans associations，提供儲蓄、借貸等服務的金融機構，通常以互助形式經營）的存款戶可以用優惠價配到大量股份，他和兒子把大量資金存進正在考慮轉型、變成公開（上市）公司的儲貸機構，一旦上市流程完成、分到股份之後，他們就把錢提走。

身為投資顧問的索普，應柏尼．馬多夫（Bernie Madoff）避險基金裡的一位客戶要求，幫忙查核相關紀錄。在當時，馬多夫的基金看起來報酬豐厚，而且風險極小，甚至於根本沒有。索普對馬多夫起了疑心，他深入檢視，發現馬多夫宣稱履行的選擇權交易數目和公開紀錄登載的交易量有出入。他得出的結論是馬多夫正在進行一場龐氏騙局（Ponzi scheme，非法性質的層壓式推銷），他說對了，他這位客戶也因此退出基金，但其他人都

忽略索普的警告。一直等到十八年後，也就是二〇〇八年十二月，馬多夫才向有關當局自首，承認整件事都是一場騙局。

在確定有優勢時，才應該下重注

若想直接師法索普，你必須重溫數學與電腦程式技術。但如果是像我們這種數學天賦不高的人，還是可以跟隨他立下的典範，**投資像「聰明貝塔」**（smart beta，將各種投資類型的因素量化，並遵循其規則的投資方式）**的指數股票型基金**。這類基金的做法，是藉由遵循特定的投資策略來打敗市場，例如價值型投資。但是，這些又和傳統的基金有所不同，**這類基金以系統性的方法投資**，而不是仰賴基金經理人的操作。這類基金比特殊化程度較低的一般性指數股票型基金昂貴，但比主動型基金便宜。

就算你偏好比較質化的投資方法，也可以從索普的風險管理學到很多。他深信一定要限制下跌風險，也要避免過度使用槓桿，更是凱利準則（Kelly Criterion）的信徒。凱利準則是一套系統，用來決定每一次下注該投入多少錢，基本概念是，你的布局取決於兩點：**某項投資認知風險有多高，以及預期報酬有多少**。簡言之，**只有在你確定有優勢時，才應該下重注**。實際上，這是就價值型投資的「安全界限」，只是這個版本比較精密。

投資我最強——愛德華．索普

指標	得分	評論
績效	★★★★★	索普操作的基金和他個人的投資績效都大幅超越大盤。
長期性	★★★★★	索普對於股市的興趣起於1960年代末，他研究選擇權交易、權證，持續逾30年，也曾經參與多項基金的交易投資。
影響力	★★★★☆	索普扮演要角，揭開量化革命，讓銀行與基金紛紛聘用數學家與科學家，利用電腦找到市場異常之處並加以善用。
複製投資方法的難易度	★★☆☆☆	要找到可利用的異常之處並不是容易，需要時間以及一定程度的數學能力。很多時候，顯而易見的異常要不是太過昂貴難以利用（以交易成本的角度來看），要不就只是統計上的幻影。一些聰明貝塔指數股票型基金創立的初衷，正是為了善用某些基本的異常（例如低股價淨比的個股持續表現良好），但這種做法仍然極具爭議性。
總分		16 顆星

第18章

在不理性的世界裡運用理性投資，有如自殺

現代總體經濟學奠基者

約翰．梅納德．凱因斯（*John Maynard Keynes*）

就算你不是經濟學家，很可能也對凱因斯此人略知一二。他的經濟學理論在二次世界大戰之後非常風行，雖然在一九七〇年代之後漸漸失寵，但後來又慢慢復興。凱因斯對於金融市場的態度是出了名的謹慎，他指出「**當一國的資本發展變成博奕活動的副產品時，這件事很可能就做壞了。**」他也支持用交易稅來遏阻投資，甚至嚴正建議政府應該「把買進的投資變成永久性且不可分離，一如婚姻。」

凱因斯對於真的有人能持續勝過大盤這件事深表懷疑，他主張「現代很難僅根據純粹的長期預測做投資，因為能夠預測的事物少之又少。」確實，他表示：「無論資金是交由委員會、董事會還是銀行管理，實務上投資人批評最多的，便是長期投資這件事。」而在資金管理的世界裡，拒絕從眾的人如果成功，得到的評價會是「離經叛道、不符慣例又魯莽」；如果失敗，可想而知很少人會同情。不管是倫敦金融城或紐約華爾街都流傳一句話：「**用傳統的方法失敗，會比用非傳統的方法成功能博得好名。**」

聽到這番話，你可能會有刻板印象，以為凱因斯在實務金融這方面是不食人間煙火的學者，盡可能和股票、債券與其他金融商品保持距離。但實際上，他所說的話都是來自於經驗：長大成人之後，他把很多時間都花在管理資金，包括他個人的錢以及其他人、其他機構的錢。此外，他歷經多次失敗，最後終於得來一段成功，這個故事也讓一般投資人能從中汲取許多教訓。

協助成立國際貨幣基金

凱因斯於一八八三年生於英國劍橋，先拿到獎學金進入伊頓公學（Eton，英國著名的男子公學），之後又獲得劍橋入學許可修習數學。一九〇四年畢業之後，花了兩年時間攻讀研究所，鑽研幾個科目，主要是哲學。若以他日後的名聲來看，很諷刺的是，他正式研讀經濟學的時間只有一個學期。他在印度文官機構（Indian Civil Service）任職兩年（該機構為英國管理印度的總部），**對於自己懷才不遇深感挫折，因此掛冠求去，回到劍橋繼續從事學術研究，最初由他的父親提供資助**。他原本的計畫是要把重點放在研究機率理論，但一九〇九年時發表的第一篇論文卻是關於經濟學，並在同年被指派擔任講師。

從一九一四年到一九一九年，凱因斯扮演了很重要的角色，針對如何籌資備戰，為英國政府提供諮詢。這個角色讓他以英國財政部代表的身分出席部分巴黎和會（Paris Peace Conference），磋商戰後和解事宜，並參與其他戰後處置德國有關的會議。他對於德國要賠償的巨額款項深感憤怒，刺激他寫出**《和平的經濟後果》**（*The Economic Consequences of the Peace*）一書，正確的預言到這會提高未來二十年內發生衝突的風險。雖然本書對於英國的整體政策毫無影響，但是馬上變成暢銷書，讓凱因斯變成重要的公眾人物，而這本書也讓他賺了很多錢。

凱因斯後來回到劍橋，往後的二十年人生都花在學術上。從一九二〇年到一九三九年間他出版了一系列著作，最值得注意的是一九二三年的《論貨幣改革》（*A Tract on Monetary Reform*）、一九三〇年的《貨幣論》（*A Treatise on Money*）、一九三三年的《邁向繁榮之路》（*The Means to Prosperity*）以及一九三六年的《就業、利息與貨幣的一般理論》（*The General Theory of Employment, Interest and Money*）。他每一本書都主張財政政策（以及貨幣政策的某些觀點，例如利率）確實能衝擊經濟體的生產力與就業水準，和當時普遍認為政府政策少有實質影響的想法相反。他論述道，政府應該在事前主動使用這類政策，在失業率高的期間刺激經濟，以緩和經濟衰退週期。

凱因斯在兩次大戰期間除了經營學術生涯之外，還積極從事投資管理，深度涉入幾檔退休金基金，也在倫敦城金融區參與一些信託投資，其中包括**他自己在一九二〇年代設立的三檔基金**：獨立投資公司（Independent Investment Company）、A D投資信託（A.D. Investment Trust）與P R金融公司（P.R. Finance Company）。他也為英國國家共同人壽保險協會（National Mutual Life Assurance Society）與省級保險公司（Provincial Insurance Company）提供投資諮商，但在這兩個單位，他所做的決定都必須交由委員會核可。

凱因斯也為自己和友人從事投機交易。確實，早在第一次大戰前他就用自己的帳戶買賣股票，第一筆的買進紀錄是一九〇五年。戰後他收到倫敦布倫斯貝利（Bloomsbury）出版社的版稅，甚至還向工商銀行家恩內斯特・卡賽爾爵士（Sir Earnest Cassell）借了一筆貸款，在一九二〇、一九三〇年代時更積極在貨幣市場從事投機交易。

凱因斯持續從事資金管理最長的紀錄，是他在劍橋大學國王學院（King's College, Cambridge）擔任財務主管的時候。一九一九年他被指派擔任這項職務，不久之後，他就說服受託人分割捐贈資金（之前僅用來投資房地產），賦予他相當的主控權去投資他喜歡的標的。實務上，這代表他主要投資股票，並將一些資金配置到大宗商品和貨幣期貨。他持續管理這項投資組合長達二十五年，一直到他一九四六年過世為止。

二次世界大戰期間，凱因斯重回一戰時的角色，管理政府支應戰爭支出的相關事宜。他是一九四四年布列登森林會議（Bretton-Woods Conference）裡的重要人物；這場會議決定了戰後金融系統的型態，包括成立國際貨幣基金（International Monetary Fund，截自二〇一六年，由一八九個國家組成，促進全球貨幣合作，確保金融穩定的組織）。等到戰爭終於結束之後，他將人生的最後幾個月花在說服美國協助英國重建，重整英國的戰時貸款，延展償付期間，並以優惠利率提供更多新資金。

原本注重總體經濟，後來注重股價淨值比

凱因斯最初相信他的主要技能，就蘊藏在他的總體經濟知識當中，因此把重心放在貨幣與大宗商品市場，運用槓桿提高潛在報酬率，尤其用來操作他的私人帳戶。投機操作並不適用於管理國王學院的捐贈基金，所以他改用現今稱之為資產配置策略（按：asset allocation strategy，將資金分配於各種不同資產，如房地產、股票、債券等）的方法，當他覺得經濟將好轉時提高股市的投資金額，預期衰退時則減少股市布局（但他整體投資的股市部位比起同類捐贈基金高很多，因為當時普遍認為股票風險太高）。

然而，約在一九三二年時，他不再對這套方法抱有任何期待，反而轉變成**尋找他認為遭到低估的個股，完全不管整體經濟條件如何**。一如大西洋對岸的葛拉漢，凱因斯也非常關注股價淨值比低的公司。英國的經濟學家大衛．錢伯斯（David Chambers）與艾洛伊．迪森（Elroy Dimson）指出，凱因斯在一九三〇年代初期改弦易轍變更策略之後，很可能買進了之前股價一直下跌的公司，採行反向操作法。

投機兩度賠光，選股打敗大盤

凱因斯的投機操作時好時壞。他最初以槓桿操作，在一九一九年到一九二〇年賭法國法郎、義大利里拉和德國的帝國馬克（reichsmark），讓他賺了很多錢，也鼓舞他的朋友和他一起投資。但一九二〇年初交易結果不如他所願，因為他採用高度槓桿而賠掉所有資金，被他早期的成績吸引過來的友人也跟著賠錢。之後，他向一位金融家借了五千英鎊，建構了和之前類似的投資部位，這一次讓他不僅能清償負債，最後還累積了大筆財富，以二〇一五年的價值換算後約有一百一十萬英鎊。但他個人的帳戶在一九二九年華爾街崩盤時，又一次化為烏有。

他創辦的投資公司情況也沒好到哪裡去。AD投資信託在一九二九年華爾街大崩盤中毀於一旦，但凱因斯至少還具備一定的敏銳度，兩年前先一步出脫公司持股，所以這個情況至少對他個人來說是成功的。他從一九二七年起就不再參與投資決策，因此，信託公司的失敗不應完全歸咎於他。PR金融公司也受到嚴重打擊，但因為崩盤之後風向改變，公司的重點轉向配息股，因此資金得以成長到一定程度，讓投資人最後可以把錢贖回；當時並非所有投資基金都能做到這一點。

如果說凱因斯嘗試投機的結果顯然好壞參半，那麼，他管理國王學院捐贈基金的投資生涯表現則好很多。自他一九二一年獲得任命算起，到他於一九四六年初逝世，二十五年間捐贈基金代操部分，計算複利年平均報酬達一四．四一%，相較之下，股市整體的漲幅僅為八．九六%。這相當於投資一萬英鎊可以拿回二十八萬九千兩百八十三英鎊，對比大盤，只能拿回八萬五千五百一十英磅。由於其他受限的部分表現相對平淡，這表示，捐贈基金整體（不含房地產）的績效僅比股市稍好一點，但波動性低很多。

有趣的是，凱因斯在一九三二年到一九四六年的表現，比他在一九二一年到一九三二年之間好很多。在前十一年（當時他採用的資產配置策略），代操的投資組合報酬率為一〇．一%，相較之下，股市的報酬為八．三%。而在後面的十四年，他把重點放在買進廉價股，代操投資組合與股市整體的績效差距開始拉大，前者的年報酬率為一七．九%，股市大盤則為九．六%。換句話說，在一九二〇年代與一九三〇年代初期，以抓市場時機為主的凱因斯，在十一年裡有四年輸給市場；變身成選股人後的凱因斯，在十四年裡有十二年都打敗市場。

代表作——聯合金礦公司、奧斯丁汽車

凱因斯其中一項規模最大、最成功的投資，就是金礦業的聯合金礦公司（Union Corporation）；他在一九三三年時買進這家公司，作為進軍南非礦業的其中一步棋。他買進的理由是，這些南非的金礦公司營收和金價連動，但他們的成本（主要是薪資）卻和南非幣蘭德（rand）連動，若南非決定讓貨幣貶值，就會提高這些公司的獲利，從而帶動股價。後來證明他的論述成立，聯合金礦公司的股價確實飆漲。

但凱因斯沒有出脫，反而是在獲利的情況下長抱這檔股票，直到他一九四六年過世。這是因為他相信股價仍被低估，因為**其交易價與每股資產淨值相比大幅折價**，少了三分之一。此外，公司很多資產都是流動證券，一旦公司破產，很快就可以變現。他在寫給朋友的信中也提到，他非常看好聯合金礦公司的管理品質。

另一檔他看中的個股也在一九三〇年代時讓他賺了大錢，那就是英國車廠奧斯丁汽車（Austin Motors）。一如聯合金礦公司，他之所以選定奧斯丁汽車，是因為他覺得公司相對有價值。這一次，吸引他的是奧斯丁車廠的獲利率很高（亦即**本益比很低**），和其他車廠相比之下尤其明顯。確實，他發現，如果拿奧斯丁汽車的銷售數量和公司的市值相比，交易價格約僅有美國對手通用汽車（General Motors）的三分之二。

在不理性的世界裡運用理性投資策略像自殺，但……

凱因斯身為投機客時的悲慘經歷，再一次證明**靠著掌握短期股價變動很難在市場上賺到錢**。即便他具備經濟學的知識，而且到頭來他看的整體市場走向也是對的，但決定使用高度槓桿，讓他在面對市場方向短期變化時顯得非常脆弱。這是另一個事實例證，證明**看對方向還不夠，你還要知道如何適當管理資金，才不會被忽然間的逆勢毀了。**

和一般傳說不同的是，凱因斯應該沒說過「市場不理性的時間會比你有流動資金的時間更長」這種話。但有強烈的證據證明他確實說過「**沒有什麼比在不理性的世界裡（指投機）運用理性投資策略更像自殺**」（他在一九三〇年代初期改變策略之後，改用的便是這種理性策略）。無論如何，少有人能爭辯他在《就業、利息與貨幣的一般理論》裡提出的觀察：「**決定不去管市場短期波動的投資人，要儲備更多安全資源**，而且絕對不能用借來的錢大規模操作。」

在國王學院捐贈基金擔任投資組合經理人的前十年，凱因斯試著遵循由上而下的資產配置策略，這樣的操作方法成績也只是平平。而且在市場裡高頻進出的問題是，股票的報酬多半在中、長期會勝過如債券與大宗商品等低風險資產，因此，資產配置策略的績效要等到絕佳的利用程度，才能勝過股票。後來凱因斯改採比較簡單的策略，把全部心力放在尋找可以提供最佳價值與時機的股票，報酬率就高很多。

這揭示了另一條格局更大的教訓，那就是彈性策略很重要。只因為無法立即奏效，或短期情況轉壞就放棄某項策略絕對不是好事，**但你也絕對不應該永遠抱著失敗的策略**。畢竟，不同的人有不同的特質和能力，會有比較適合及不適合自己的策略。這麼說來，凱因斯決定誠實面對自己不是出色的短線交易員，改把精神放在尋找廉價股票，可說是他投資生涯裡所做的最佳決策。

投資我最強——約翰·梅納德·凱因斯

指標	得分	評論
績效	★★★★☆	身為劍橋大學國王學院的財務主管，凱因斯所做的股票投資績效大幅超越股市，在1932年之後更加顯著。但他投機性質較重的投資績效則好壞參半。
長期性	★★★★★	凱因斯參與國王學院的投資活動長達27年，他同時也從事其他和投資相關事業。
影響力	★★☆☆☆	凱因斯所做的經濟學研究大大衝擊經濟學和公共政策，但對於投資世界的影響卻小得多。諷刺的是，他在投資方面最成功的時候是轉換策略成為價值型投資人時，但他最知名的一件事卻是他將股市比喻成一場不理性的選美比賽。
複製投資方法的難易度	★★★☆☆	凱因斯高度操作槓桿投入貨幣交易，這並不適合一般的投資人，他自己也以很痛苦的方式明白了這件事。但是，他買進被低估的股票是很合理的策略，投資人要複製就容易多了。
總分		14 顆星

第19章

柏格的愚行，造福了所有投資人

史上第一檔指數型基金發行人

約翰・「傑克」・柏格（*John "Jack" Bogle*）

到目前為止，我們介紹過的所有投資人都在長期創造出豐厚的報酬（就算他們有的時候損失也一樣慘重），但事實是，這類經理人是少數。確實，美銀美林集團就發現，二〇一六年時，美國基金經理人管理的大型股基金僅有五分之一贏過大盤指數，長期表現更差。確實，標準普爾所做的一項研究發現，從二〇〇六年到二〇一六年這十年間，**主動式管理的美國基金九九%都無法勝過大盤指數**。

績效表現不及格，導致監理機構越嚴密控管共同基金收取的各項費用（最近展開行動的是英國金融行為監理總署〔Financial Conduct Authority〕）。而市場本身顯然也已經在因應這個問題，過去十五年來，投資單純追蹤指數的被動式管理基金金額暴增。根據晨星（Morningstar，美國金融服務顧問公司）的資料指出，美國有三分之一的共同基金資金為被動式管理基金，專家認為，未來比重將持續提高。這個產業的誕生必須歸功於一個人——傑克．柏格。

共同基金收費太高，錢花在行銷，很難打敗大盤

柏格被人暱稱為「傑克」，生於紐澤西州的維洛納鎮（Verona, New Jersey），但出生後過沒幾個月就碰上華爾街大崩盤，讓他們繼承的家產全部付諸流水。他長大後進入普林

斯頓大學（Princeton University，世上最享負盛名和最富有的高等學府之一，傳統上美國大學三巨頭之一，與哈佛大學與耶魯大學齊名），攻讀經濟學。讀過一篇和麻州投資人信託（Massachusetts Investors Trust）相關的文章後（這檔信託是第一批共同基金其中之一支），他對這個產業極感興趣，針對這個主題寫了一篇論文。文章剛好呼應了他日後的主張，他嚴詞批評這個產業，認為**基金收費太高、把太多焦點放在行銷**，而且長期很難打敗大盤。

諷刺的是，這篇論文卻幫助柏格在威靈頓資產管理公司（Wellington Management Company）得到一份工作，這家公司操作威靈頓基金（Wellington Fund），是當時的一檔大型規模基金。柏格在一九五一年進公司，一開始負責撰寫報告與各種行政、公關和行銷相關工作，到了一九五五年已經成為業主瓦爾特・摩根（Walter Morgan）的助理。這個職位讓他有機會參與威靈頓公司的各項業務，並讓他很有立場去說服摩根，允許威靈頓公司成立一檔僅專營股票的基金，與投資組合區分成不同資產類別的主基金相互對照。

威靈頓股票基金（Wellington Equity Fund）創立於一九五八年，其第二任投資組合經理約翰・納夫（John Neff）也是一位傳奇人物。此時的威靈頓公司仍舊持續落後競爭對手，柏格判定，最佳策略是讓威靈頓和另一家資產管理公司（Thorndike, Doran, Paine & Lewis）合併。藉合併打入獲利豐厚的年金基金市場是目標之一，但主要的目的還是希望借重主動成長型投資人的名聲，當時這樣的投資風格很風行。

一開始合併工作很順利，威靈頓成立更多新基金，柏格也在摩根退休後受命擔任威靈頓公司董事長。然而，一九七〇年代初期市場崩盤，成長型類股受到的衝擊特別嚴重，威靈頓也因此飽受打擊。在此同時，公司各合夥人之間的關係嚴重惡化，到最後他們給柏格兩條路，一是直接離開公司、二是轉作行政職。

開過幾次董事會後，他們達成了協議。柏格卸下威靈頓資產管理公司董事長一職，但該公司仍持續為基金提供投資建議（時至今日，該公司仍為某些基金提供服務），除此之外，基金其他部分完全脫離威靈頓資產管理公司，柏格則可自行成立其他分部；他將新分部命名為先鋒（Vanguard），最早提供的是行政支援。柏格自一九七五年先鋒成立時便擔任董事長，直到一九九九年退休。

受薩謬爾森與「漫步華爾街」啟發

柏格買進專業公司、試著藉此涉足成長型投資，但經驗卻很糟糕，這讓他轉而排斥經理人可以打敗大盤的想法，和他早年在普林斯頓所做的研究結論一致。在此同時，有越來越多學術界人士的論證有利於「**效率市場假說**」：這是指，**股價已經充分反映所有可得的**

資訊，而且，不管是透過檢視過去的價格變動或是預測未來，**任何人都不可能持續勝過市場**，唯一的例外只會發生在當投資人有內線消息時，但這顯然不合法。

麻省理工學院的薩謬爾森把這套假說進一步發揚光大。一九七四年時他在《投資組合管理期刊》（*Journal of Portfolio Management*）上發表一篇題為〈挑戰判斷〉（*Challenge to Judgement*）的知名文章，在文中主張基金經理人的績效不彰，並建議「某些大型基金會，應該在內部自行建構投資組合，追蹤標準普爾五百指數」。薩謬爾森甚至要求美國經濟學會（American Economic Association）率先響應（這是一個由經濟學家組成的學術機構），但他也承認：「兩萬名經濟學家能夠勻出的額外財富，遠遠不如兩萬名脊骨神經科醫師。」

薩謬爾森不是唯一有這種想法的人。普林斯頓大學的伯頓．墨基爾（Burton Malkiel）在他自己（一九七三年出版）的暢銷書《漫步華爾街》（*A Random Walk Down Wall Street*）裡便主張，**多數選股者的表現比不上眼睛被蒙住、對著財經版上丟飛鏢選股的猴子**。因此，你完全用亂槍打鳥的方法來買股績效可能也比較好。柏格在成立基金之後過了很久才讀這本書，之後請墨基爾加入先鋒的董事會。

不管如何，柏格很信服薩謬爾森的論文，他憑此說服先鋒的董事推出一檔追蹤標準普爾五百指數的指數型基金，名為第一指數型投資信託（First Index Investment Trust），也就是如今的先鋒五百指數基金（Vanguard 500 Index Fund）。由於這無須主動管理，因此柏格可以大聲宣稱這並不違反先鋒僅能提供行政支援、必須遠離投資顧問業務的協議。

世人一開始嘲笑，後來開始模仿

第一指數型投資信託遭遇來自業界的強大阻力。華爾街有很多人痛恨柏格對這個產業的暗諷，將這檔信託稱之為「**柏格的愚行**」（Bogle’s Folly）。時任富達公司的董事長愛德華．強森（Edward Johnson）的反應最經典，他宣稱：「我才不信會有那麼多投資人僅賺到平均報酬率就心滿意足了。」另一位基金經理人則說指數型投資是「通往平庸的大道」。態度最激烈的應該是某些不知名的股票經紀人，他們流傳著一張海報，上面寫著「指數型基金一點都不美國」，另一張則印著一句反問句：「平庸的腦外科醫師能讓你滿意嗎？」

從這些態度來看，基金一九七六年八月的公開招募結果慘不忍睹，也就沒什麼好意外的了。在主辦投資銀行與券商的支持下，柏格和其他董事**預計要籌得一億五千萬美元**（以二〇一五年的價值計算，為六億兩千四百萬美元），**但最後只募到了一千一百四十萬美元**。這樣的結果促使主辦公開招募的單位建議柏格就此打住，但柏格拒絕投降。為了克服資金根本不夠涵蓋整個標準普爾五百成分股，在不產生高昂交易成本的條件下，基金決定買進股份的代表性樣本，設法在非常接近的情況下追蹤指數（之後基金壯大到一定程度，便買齊了所有的指數成分股）。

一開始的風雨飄搖持續一段時間，耗了六年，再加上合併了一檔主動式管理基金，才讓管理資產規模達到一億美元。然而，到了一九八七年，追蹤指數的資金成長到十億美元。在此同時，其他公司也慢慢開始效法先鋒，一九八四年時富國銀行（Wells Fargo，於美國紐約，是一家多元化金融集團）推出第一檔較勁的基金，一九九一年富達也跟進。後來，光是先鋒五百，就擁有兩百六十四億美元的投資資金，被動式管理的總資產估計近十兆美元。

指數型基金長期績效打敗主動式基金

標準普爾所做的研究指出，過去十年，簡單的指數型基金幾乎打敗所有主動式管理基金。而捍衛主動式基金的人則主張，這結果不必然永遠成立，因為就連先鋒也承認，有些期間主動式管理的績效仍優於被動式投資。舉例來說，二〇一四年先鋒刊出的一篇論文提到，從一九九〇年到二〇〇〇年間，僅有二九％的美國基金經理人表現勝過平均值，但在一九九九年到二〇〇九年之間，這個比率增為六三％。這表示，雖然指數型投資在熱絡的牛市期間是最佳解決方案，但當市場持平或下挫時，主動式管理可以增添價值。

但長期來看，證據顯示被動式基金大致上來說表現較佳。《華爾街日報》（*Wall Street Journal*）利用華頓研究數據服務公司（Wharton Research Data Services）提供的數據做了一項研究，發現過去二十五年僅有二〇%大型公司主動式管理基金，績效超越標準普爾五百指數。同樣的，先鋒自有的數據也顯示，長期只有約二〇%到二五%的主動式基金勝過大盤指數。晨星被動式基金研究總監班恩・強森（Ben Johnson）提出的數據指出，過去四十年來，考慮各項費用之後，先鋒五百每年平均勝過美國大型主動式管理基金約〇・五%。一年差五十個基點看起來不多，但這表示，一九七六年八月在先鋒投資一萬美元，如今價值為六十五萬兩千美元，相較之下，投入主動式基金則為五十四萬九千美元。

柏格不愛的指數型基金是……

從某個層面來說，多數基金經理人都無法打敗大盤這件事，會很讓人很沮喪。畢竟，如果專業人士都做不到，一般平凡的投資人還有什麼希望？但你可以從另一方面來想，你不用為了證明自己比多數專業人士厲害，而拚命要創造高額報酬。確實，**如果你不想花時間選股，也不想篩選基金尋找績效明星，你也可以投資低成本的指數型基金**，賺得還不錯的報酬。你甚至可以**透過指數股票型基金，結合被動式與主動式投資**。這類專業化的指數型基金就像股票一樣在股市交易，你可以利用指數型基金去**賭特定的國家或產業（但柏格本人不樂見這類基金，因為這鼓勵了投機）**。

就算你不想放棄主動式管理，也可以從柏格在威靈頓公司內部爆發衝突時的經驗中學習，這證明了追逐熱門類股的危險；而且因為股市長期會顯現回歸平均的趨向，所以更要特別小心這一點。柏格一九九三年出版《柏格談共同基金：明智投資人的新觀點》（*Bogle on Mutual Funds: New Perspectives for the Intelligent Investor*），他在書中提到投資先前表現最佳的基金會降低報酬。具體而言，曾榮登《富比士》雜誌「榮譽榜」（以過去的績效為基準所做列表）的基金，在一九七四年到一九九二年的年報酬率為一〇．二％，相較之下，所有主動式基金的年報酬率為一二．五％，大盤則為一三．一％。

另一個訣竅，是在**挑選主動式基金時把重點放在成本最低這件事情上**。有人請柏格說明為何他之前在主動式基金管理業待這麼久，他總是講到一九五〇年代共同基金產業，將成本維持在合理水準，但之後由於明星基金經理人竄起、再加上形同剝削的手續費，才開啟了指數型投資的大門。先鋒本身也經營主動式基金，他們的理由指出，最便宜的基金贏過市場的機會可提升到四〇％。但諷刺的是，我們在下一章會講到，就連激發柏格創立第一檔被動指數型基金的薩謬爾森，都不相信有誰能打敗市場。

投資我最強——約翰·「傑克」·柏格

指標	得分	評論
績效	★★★☆☆	根據定義，指數型投資的目標是要創造出僅和大盤相等的報酬。確實，即便是指數型基金，也有交易成本和管理費用，從技術面來看會小幅落後股市整體。然而，證據指出，先鋒基金長期的績效優於多數主動式管理的股票基金。
長期性	★★★★★	從伯格1951年到威靈頓任職，一直到他於1999年退休，他活躍於基金產業的時間持續44年，其中有一半的時間花在經營先鋒。時至今日，他仍針對投資與市場撰寫文章以及評論時事。
影響力	★★★★★	雖然備受質疑，甚至受到接近惡意的對待，柏格仍堅持將被動式投資引介給一般投資人。由於他的堅毅，投入這方面的資金數以兆計，很多專家也預言，在未來一個世紀以內，主動式投資或許最後會變成小眾市場。
複製投資方法的難易度	★★★★★	投資指數型基金，是最簡單的投資股票方法。確實，現在有眾多低成本的被動基金，涵蓋每一種你想得到的市場或類股。
總分		18 顆星

第20章

基本分析往往不如跟隨趨勢，所以我選指數投資

第一位諾貝爾經濟學獎美國得主

保羅．薩謬爾森（*Paul Samuelson*）

薩謬爾森生於一九一五年，於一九三五年時在芝加哥大學取得經濟學的學位，然後在一九三五年至一九四一年間，取得哈佛大學經濟學碩士與博士學位。完成博士學位之前，在一九四〇年時他已經在麻省理工學院擔任助理教授，之後一九四九年時升為教授。而在一九四八年他所寫的《經濟學：入門分析》（*Economics: An Introductory Analysis*）是他人生的一大突破，這本書後來成為暢銷基礎經濟學教科書之一，完全經得起時間考驗，至今很多大學仍用本書作為入門教科書。

薩謬爾森的學術生涯極為輝煌，一直到他於二〇〇九年過世時才告終，他對經濟學、財政學與金融史等各個面向都有極大貢獻，包括貿易政策、總體經濟學與公共財政經濟學。他也發揮重大影響力，鼓勵經濟學家應用高階數學公式來說明經濟理論如何運作。經濟學界對這股趨勢的看法好壞參半，他們說這導致經濟學遠遠脫離現實世界，但也讓他在一九七〇年獲頒諾貝爾獎，表彰他對於「提高經濟科學的分析水準」的卓越貢獻。

薩謬爾森不僅在將經濟學科學化的過程中極具影響力，在經濟政策的規劃也是重要人物。二次大戰期間他扮演要角，幫助美國政府管理勞動市場，確保戰時生產與平民經濟的需求皆能獲得滿足。戰爭結束後七年，他為政府提供預算建議。一九六〇年代之後，他更在多個政府機構擔任顧問，包括財政部和聯準會，但一九八〇年代時由於米爾頓．傅利曼（Milton Friedman）等貨幣學派興起，他的財政政策與貨幣政策中性立場因此不受青睞。

股市的價格波動，就像分子的隨機運動

薩謬爾森對於投資界最大的貢獻之一，即是「**隨機漫步**」（random walk）。法國數學家路易．巴舍利耶（Louis Bachelier）注意到股市的價格波動和布朗運動（Brownian motion）很類似，後者描述的是分子的隨機運動。薩謬爾森有一位同事對他提起巴克利耶的研究，他得出的結論認為，真正有趣的重點不在於股價和分子的運動之間有特定的相似性，而在於「隨機性」。如果不可能找出任何能預測股價變動的特定模式，**這代表多數的股市運作都極有效率**，因此所有**資訊會快速傳播，人們也會據以行動**。

回過頭來講，這**代表投資人不可能在沒有承擔額外風險的條件下，能長期持續勝過市場**，如果有人試著這麼做，只是浪費時間而已。上一章我們提過，薩謬爾森主張，由於人無法打敗市場，因此，投資人買進追蹤市場的基金是合情合理之舉。柏格的創立指數基金主要的靈感就來自這裡。薩謬爾森並沒有直接成立指數型基金，但是他大力推廣。確實，他不斷的拒絕成為先鋒的董事，不是因為他不信這一套，而是因為他認為，如果他自己在這當中有直接的財務利益，他對於指數型投資的支持就不那麼讓人信服了。

薩謬爾森在擔任年金基金美國教師退休基金會（TIAA-CREF，美國金融服務機構）的受託人時，也力推指數型投資。其他受託人希望延續傳統主動式投資，由於他們的反對，

薩謬爾森無法說動他們把全部資產投入指數型基金，但他確實說服這些人把部分資產挪到被動式投資，也讓他們提高手中的海外持股，進一步帶動報酬。

不再仰賴基本分析，轉而跟隨趨勢

薩謬爾森或許是效率市場與被動式投資的熱情支持者，但這無礙他參與主動式的投資。當中最值得一提的是大宗商品公司（Commodities Corporation），這是一九七〇年時由薩謬爾森一位博士班學生海默．威瑪（Helmut Weymar）成立的避險基金。威瑪研究可可豆的價格，他相信，檢視經濟成長（衝擊需求）以及氣候變數（影響供給）可以預測可可豆的價格。威瑪最初憑著自己的研究在納貝斯克公司（Nabisco）找到一份工作，該公司生產各式各樣的巧克力餅乾和甜食。威瑪在可可豆市場成功操作過幾次，他很快就發現如果成為專業投機客，可以賺更多錢。

薩謬爾森拿出十二萬五千美元（之後又加碼）投資威瑪的避險基金——大宗商品公司。這筆錢在其兩百五十萬美元的總成立資金中占了五%。他也擔任基金的董事，而且就像他在二〇〇九年過世不久前所寫的一篇文章所說的，他也同意「成為交易員的監督人」這個概念。薩謬爾森堅稱，他學著「**謹慎自制**，不要對他們提出我自己的總體經濟觀點，

以免影響任何成功的交易員。」但身為基金財務與行政主管的厄文・羅森布魯（Irwin Rosenblum）表示，薩謬爾森在董事會上積極發言，從營運到策略、甚至是威瑪對於特定市場的看法，在相關討論上都扮演重要角色。

公司一開始創業維艱。有一段時期很多人擔心發生枯萎病，因此玉米價格大漲，但威瑪信了一位專家的建議，對方認為問題被誇大了，因此反手大賭價格會跌。當玉米價格節節攀高，威瑪慌了，盡速出脫手中部位，承受龐大虧損，之後眼睜睜看著價格開始下挫，證明專家是對的。這類不當的交易決策，再加上不適的風險管理，導致大宗商品公司的資本很快從兩百五十萬美元減至九十萬美元。確實，一九七一年時，公司一度只剩下十萬美元，差一點就要關門大吉了。

如果真的倒閉，薩謬爾森的投資將全數化為烏有。當時最大的投資人納貝斯克公司握有優先協議，有權先取得任何剩餘資本。經過多次討論後，董事會同意要簡化投資策略並強化風險控制，限制投資部位的規模，尤其是和市場走向相反的布局。這預告之後交易時不再完全仰賴基本分析，反而更偏向跟隨趨勢（亦即價格上漲時買進、下跌時賣出）的操作。根據羅森布魯的說法，薩謬爾森最初抗拒這番變革，但明白這是唯一的求生之道後，也就只好接受了。

策略變革不僅拯救了大宗商品公司，更讓公司大展鴻圖。在接下來的十年，大宗商品公司聘用了一些明星交易員，其中最知名的就是麥可・馬可斯（Michael Marcus）和布魯斯・科凡納（Bruce Kovner）。該公司在一九七〇年代大大成功，因為通貨膨脹和利率高漲的市況剛好適合公司的順勢操作法。確實，到了一九七七年，距離公司開始轉虧為盈短短四年後，他們就賺了大錢，聘了很多員工，還搬進公司的專屬大樓，資本額也增至約三千萬美元，不到十年就增加了十二倍。

到了一九八〇年代，這檔基金相對過去就沒那麼成功了。大宗商品的熱潮來到尾聲，通貨膨脹也逐漸下滑，這代表過去成功搭上的價格趨勢也隨之消失。公司裡某些明星交易員開始另謀高就，留下來的則要求提高薪資與分紅，榨乾了利潤。在一九八九年投資還算成功時，大宗商品公司以八千萬美元賣掉了三〇％的股權，公司的總價值也因此達二億六千七百萬美元。後來這家公司在一九九七年時以一億美元賣給高盛（Goldman Sachs，美國跨國投資銀行與金融服務公司），當時管理的資產達十億美元，二十七年間成長了四百倍。

薩謬爾森也買了波克夏海瑟威

除了在大宗商品公司與美國教師退休基金會的正式職務之外，薩謬爾森也妥善運用他在普林斯頓大學的薪資、版稅以及其他收入來源，做了多項私人投資。確實，一九三〇年代末期，他的妻子得到一筆投資資金，當時的股票很便宜，他**買進本益比很低、但殖利率很高**的穩健企業。他也注意到當時旅館的房價與其營造價格不成比例，就算把重新整修的成本算進去都還划算，因此他直接投資建築物以及幾家早期的全美連鎖大型旅館集團，相當成功。

薩謬爾森還有另一樁非常成功的投資——愛迪生衛斯理出版社（Addison-Wesley）。這是麻省理工學院學者著作的主要出版商，薩謬爾森因此和他們有聯繫，他十分欣賞這家出版社，買進很多股票，甚至還獲邀進入董事會。雖然他最後因為厭倦公司內部政治鬥爭（包括創辦人與一位主要高階主管之間的紛爭）而賣掉股份，但他持股的時間很長，一路看著愛迪生衛斯理從出版界裡的小型精品店變成一股主力。

一九六〇年代末期康拉德．塔夫（Conrad Taff）來找薩謬爾森商談，之後薩謬爾森也大舉**投資波克夏海瑟威公司**。塔夫是哥倫比亞大學葛拉漢門下的學生，他寫信給薩謬爾森，主張巴菲特的成功恰恰駁斥了效率市場假說。薩謬爾森甚感興趣，也自行做了研究，對於自己得出的結果非常滿意，並開始投資波克夏海瑟威的股票。諷刺的是，差不多也就在同一時間，薩謬爾森去國會作證，表示**共同基金業對多數投資人來說不過是浪費錢而已**。從一九七〇年到薩謬爾森於二〇〇九年過世這段期間，每投資一千美元買進波克夏的股票，就能拿回兩百一十二萬美元，年報酬率超過二〇%。

當然，薩謬爾森的投資也不是樣樣都這麼出色。他的同事們就流傳一個笑話，講的是他付幾百美元（用現在的價格換算大概有幾千美元）購買號稱為投資人提供資訊的內線消息，想要知道如何靠選擇權賺錢。無須訝異的是，這資訊大部分都沒有效果。有一件事非常有意思，他表示在柏格推出指數型基金後，他已不太需要投資特定個股，指數型投資讓他有更多時間放在正職工作上。

執行策略太花時間精力，錢投指數型基金就好

薩謬爾森公開支持指數型投資與效率市場，乍看之下，這和他尋找並善用獲利豐厚的投資機會有所衝突。確實，他在創建效率市場假說上居功厥偉，但如果連他看來都不是真的非常信這一套，多少可以讓我們這些想著要打敗市場的人倍感安慰。薩謬爾森在他最後一篇論文中看來也認同這套理論有缺陷，他稱「相對於**九九%從事投資交易的凡夫俗子，有極小群的投機客在他們最活躍的人生中，可以享有『超額正值報酬』**，這指的是針對風險調整之後的額外報酬。」

但是，如果被問到是不是有人能打敗股市（也包括他本人），薩謬爾森仍主張「在華

爾街沒有好賺的橫財」。他很謹慎的說：「這種**天才難覓**，他們不會用低廉的價格提供服務。最重要的是，就算是這些人，**『火熱』的手感通常也會變得冰冷**。」這是投資人需要學會的重要一課：就算成功的基金經理人，他們也會退休（比方說林區）、會跳槽到其他公司（比方伍德佛），或是會碰到問題無以為繼（比方說波頓，甚至巴菲特）。

整體來說，我們從薩謬爾森投資生涯中學到最重要的心得，是**長期有可能打敗市場，但唯一的前提是你有「優勢」**。這不一定指內線消息（反正內線交易在多數國家也都是違法的），但這代表你必須要有某些一貫的投資策略，就算是只買特定類型的股票也算。如果你沒有優勢，或是要執行策略太花時間精力，那麼，不管從報酬或是情緒來說，把你的錢投資到指數型基金會比較好。

投資我最強——保羅·薩謬爾森

指標	得分	評論
績效	★★★★☆	雖然沒有經過審計的紀錄可循，但薩謬爾森顯然從大宗商品公司和波克夏海瑟威的投資當中賺了很多錢。然而，他在先鋒指數基金的投資僅賺得平均報酬，而他試著涉足選擇權市場看來也不太成功。
長期性	★★★★☆	薩謬爾森自1930年代末期，用各種不同的方式涉入投資。大宗商品公司營運將近30年，但薩謬爾森直接參與的時間長短，就不清楚了。
影響力	★★★★★	薩謬爾森在效率市場假說的發展上扮演關鍵角色，這套假說到目前為止仍有很多支持者，但學術界的擁護者顯然多過於華爾街。這套假說導引出指數型基金的發展，指數型基金改變了投資的面向。
複製投資方法的難易度	★★★☆☆	成立避險基金的難度已經超乎多數散戶投資人可動用的資源。薩謬爾森也發現公司內部的政治問題太麻煩。買進像波克夏海瑟威等基金股份相對直接，惟像巴菲特這種非常出色的基金經理人數量有限。
總分		16 顆星

結語

散戶可以從超級投資人身上學到……

現在我們看了二十位偉大投資人的生平、策略以及最出色（和最糟糕）的投資，也看他們的經驗蘊藏了哪些課題。以下是一般散戶投資人可以從他們身上學到、並套用在自身投資與交易方式的十大心得。

散戶其實可以打敗大盤

這些超級投資人（柏格除外）的經驗讓我們看到，**有效的投資有可能長期持續打敗市場**。當然，某些學者仍相信市場具備最完美的效率，一般人無法打敗市場，但學界與量化避險基金經理人都找出大量的明顯異常，市場也在二〇〇〇年到二〇〇二年間、二〇〇七年到二〇〇九年經歷經動盪，這表示，即便是在學術圈的象牙塔裡，諸如行為經濟學等其他分析模型越來越有立足之地。就算是學術界，立論也已經慢慢轉向——薩謬爾森在最後一篇文章中所述的妥協立場：**市場不見得永遠都有完美效率，一般人也可以打敗市場**，但實務上很難做到這一點。

本書介紹的投資人很多都極具聰明才智，其中好幾個人不是牛津、劍橋，就是常春藤聯盟（Ivy League，由八所私立大學組成的體育賽事聯盟，這八所學校都是美國名校）的學校畢業，但有些創造出讓人咋舌好成績的人學歷平平，像是早早就離開學校的李嘉圖與李佛摩（那個時代很少人念大學）。有一點很有趣，那就是在這個投資名人堂裡，**超過半數都曾經研讀經濟學、金融或商業**。這代表能在人文或冷硬科學領域受到良好訓練，對投資人來說很有用。

本書所描寫的投資人多數已不在人世或已經退休，約有四分之一仍活躍於投資界，其中，巴菲特、淳恩和伍德佛仍管理大量資金。巴菲特的績效近年來乏善可陳，淳恩與伍德佛則仍表現傑出。這代表即便在如今瞬息萬變、處處數位化的世界，資訊在轉眼之間就傳遍全世界，但精明的投資人（包括老派的選股人在內）仍有很多機會。

條條大路通獲利

某些投資策略成功的機率比別人大，這個論點成立。比方說，研究顯示，以長期觀點來看，著重**買進廉價股的**基金經理人**績效，優於買進**快速**成長企業**股票的基金或信託經理人。某些類型的創投報酬率通常比大盤高很多，而有相當高比例的短線交易人最後都賺不了什麼錢，如果他們用的是自己的錢更是如此。然而，本書這二十位投資人採用的成功方法各有不同，這證明了很多方法都能打敗市場。

確實，即便是大略相同的投資方式，操作時也會有個人色彩。有一個案例很能說明這一點，那就是書中提到了四位成長型投資人：費雪、普萊斯、林區和淳恩。他們管理資金的期間各不相同，每一個人也偏好不同類型的公司。費雪的操作手法，多半把重心放在支付大筆研發費用的科技公司；普萊斯喜歡在快速成長的產業裡挑選公司；林區多半偏好個別公司而不看所屬產業（但實際上他有很多投資最後都落在某特定產業）；淳恩的重點則是品牌。

通往成功有很多不同路徑，最好的投資構想，就是**找一個契合自己的技能與資源的策略**，而不是採行完全不適合自己的做法。舉例來說，如果你沒有太多時間，也不太能承受風險，那麼，就算李佛摩的投資生涯可以讓你倍感振奮，但短線交易可能不適合你。同樣的，如果你想找下一家Google或蘋果，不想從不受歡迎、表現不佳的範疇中篩選物超所值的標的，那麼，你聚焦在出色的創投業者，會比複製葛拉漢的投資方式好。

投資方式要有彈性，可以適時轉換

在本書介紹的超級投資者當中，在投資生涯發展過程中曾經改變、或修正操作方法的人，多到讓人訝異。這方面最明顯的案例是凱因斯，他最後放棄了資產配置與槓桿操作貨幣交易，轉而成為極成功的價值型投資人。威爾森會開始做空，是因為市場大跌導致他原始的投資組合化為烏有，他才利用賣空來降低風險，但後來很快的把這套方法發展成策略，藉此賺了很多錢。

就算是**在投資生涯中維持一貫做法的人，如果機會夠好，他們也願意嘗試不同方式**。在這方面有一個典型的範例，那就是即便蓋可保險這檔股票已經不再算是價值型股票時，葛拉漢仍堅持不脫手。身為成長型投資人的淳恩，著重的是標的公司的品質，而不是股票的交易價格，但是這一點也不妨礙他嘗試其他方式，當巴寶莉的股票在二〇〇八年金融風暴下跌時便宜買進，後來就算價格上漲，他仍持續持有。

講到不讓自身的觀點限制投資行為，最好的範例或許要算是薩謬爾森。他最早從事學術研究，提出效率市場假說是他的生涯顛峰，即便如此，他仍積極投資主動式基金；還有，雖然他大力支持被動式投資，但也無礙他積極主動管理大宗商品公司。當他收到巴菲特支持者的來信，他的決定是研究巴菲特的投資之後回覆（而不是對這封信視而不見），這最後引導他買進了波克夏海瑟威的股票，這證明了**開放的心胸可以幫助你賺錢**。

投資方式雖然可以適時轉換，但別急轉彎

彈性固然有用，但過了頭的話也很危險。揚棄顯然無用的策略是一回事，但隨興亂改可能導致糟糕的結果，讓你陷入麻煩。其中一個大問題，就是每一種投資類型所需的技能，在不同的背景脈絡下不一定有用。比方說，成功的短線交易員必須快速行動，冷靜的結束虧損部位；反之，創投業者必須要有大量的耐性，因為一家公司可能要虧好幾年才能開始獲利。

因此，每當短線交易員投入長線投資、或創投業者從事短線交易，結局通常都很糟。在投資當中摻入情緒會使問題更加惡化。索羅斯忽然之間決定，要投入大錢買進一家未公開掛牌（因此不具備流動性）的俄羅斯公司，其中慈善的成分比較高，經濟的理由比較少，到頭來讓他賠了大錢。同樣的，李佛摩承認，他投資界的朋友和熟人推薦的各項私人募資計畫，是導致他從謹慎交易累積而來的財富，大幅縮水的一大因素。

挑選投資基金時也要適用這番道理。由波頓負責的富達特殊情況基金會讓你賺大錢，但跟著他前進中國的人，雖然到頭來稍有領先，不過也經歷了幾番波折。確實，在看到前

幾個月少數好光景後紛紛跟進的人，他們的投資價值幾乎都會急速滑落。波頓承認，他用來投資英國企業致富的方法，在新興市場行不通；新興市場裡詐騙猖獗，股東需求的重要性，遠遠不如管理階層一時的突發奇想。

在這方面，看看伍德佛決定推出耐心資本信託（這是長期的創投資金）的結果會很有意思。因為這檔投資信託的股價一向落後大盤，需要很長的一段時間，才能看出具有意義的結果。

「價值」永遠估不準，投資起碼得低成本

無論是找到成功的策略然後堅持下去，還是不斷實驗直到覓得長期有效的策略，本書提到的投資人都有一些讓他們能打敗市場的優勢，從李佛摩有能力利用過去的價格模式，預測未來的價格變動，到坦伯頓認知到在美國以外的地方，有比國內更多價值被低估的企業。具備優勢很重要，因為股市正是理論派常說的**「零和遊戲」**（zero-sum game），薩謬爾森就指出：「**只要有一個人的績效高於平均，就必定有另一個人績效不彰。**」

由於買賣股票會產生交易成本，因此我們可以把主動型投資當成一種總和為負的遊戲（在這場遊戲裡，股票頻繁交易到最後的獲利總結果，會比沒有交易來的差）。這不代表

主動型投資就一定不好。就像索普可以勝過賭場，在二十一點上取得優勢，敏銳的投資人獲利絕對可以抵銷交易成本。但**如果你沒有優勢**（高到足以超越交易成本），**最好把錢穩穩放在低成本的指數型基金裡**，盡量減少「荷官的抽頭」（croupier's take）。

小優勢通常到最後不足以讓人賺到錢。葛拉漢就曾說過，**估值永遠都是一門不準確的科學，因為某些資產無法客觀量化，人為的判斷永遠有缺陷**。如果你認為某項標的價格只被稍微低估就買進，到頭來出錯的很可能是你，而不是市場；如果你認為某個標的被嚴重低估然後進場，就算你犯了一些錯，還是很有機會賺到錢。

一般投資人不會被三振，耐心等好球

沒有優勢的交易，或是潛在獲利相對小，都是不好的投資構想。然而，當賺大錢的機會來臨時，你應該好好把握，把大部分的投資組合都集中在此。**超級投資者的投資組合多半都比同業來的集中**，因為他們認為大好機會的數量有限。當然，這條規則有例外，比方說林區就持有很多不同公司的股票，但他所投資的很多公司都在相同產業。

就算是李嘉圖和李佛摩，這種靠著穩定的小額獲利賺到大錢的短線交易投資人，在投資生涯中的某些時候也樂於更積極進取。比方說，李嘉圖把所有家當都拿去賭滑鐵盧之戰的結果，李佛摩也下了幾筆大注，最著名的是他在華爾街大崩盤不久之前就做空股市。當然，李嘉圖和李佛摩僅在**他們極為確定能有回報時，才會大膽投資**。

巴菲特用棒球來比喻投資：「**平庸的棒球員對每一顆球的態度都是搖搖擺擺，最出色的球員會等到最理想的球投出，好好打個全壘打。**」當然，**投資人**的處境比棒球員好太多了，因為無論他們**錯過多少球，也不會被三振出局**。同樣的，當二十一點算牌系統指出賠率對自己有利，索普就加大賭注，賠率不利時則只下最低注數。

你買進時，有沒有計畫什麼時候賣出？

決定何時買進、何時建立投資部位顯然非常重要。但在某些情況下，**挑選正確時機賣出**或回補空頭部位也扮演極為重要的角色，這**會決定你能從交易中賺到多少錢**。太早賣出持續獲利的部位，你可能錯失大賺一筆的機會，就像巴菲特一九五〇年代最初投資蓋可保險的經驗。反之，持有虧損部位太久，可能導致小虧變大賠，威爾森與國際酒店集團交手時發生的事，便是個非常令人警惕的案例。

雖然很多交易型投資人恪守「**賣掉虧錢的，留下賺錢的**」這句名言，但這樣的策略也有風險。太早出脫虧損部位的人，等到標的最後一飛沖天時，也只能充滿挫折的在一旁乾瞪眼。反之，巴菲特和威爾森都因為期待長期投資有所表現，而接受了偶發性的短期跌價，獲取了長期的報酬。確實，大家都知道，巴菲特主張投資人應樂見持有股票的價格下跌，就像消費者樂見商品價格下跌一樣，因為這麼一來就可以增加有價值的持股部位。

總而言之，在這當中的課題看來是，**不管你最後採行的出場策略是什麼，重點是一定要有所計畫**。出場計畫要契合你的投資策略架構、你願意承受的風險，以及你能承受績效不彰的時間有多長。

專業投資經理人得遷就市場共識，散戶很自由

除李佛摩是一大例外，其他超級投資人都有操作避險基金、投資信託或其他類型金融商品，管理他人資金的投資工具，這意味著他們可能會被拔除職位，或者投資人會威脅撤出資金、不再交由他們掌控，也代表他們在投資時面臨多項限制。雖然他們都想辦法賺到了大錢，但這些限制顯然對於他們的賺錢能力造成負面衝擊。

伍德佛承認，他在科技泡沫高峰期間承受了極大壓力，所有人都要他買進科技股，拒絕從命讓他幾乎丟了工作，就算往後的事件證明，他認為科技股被高估的看法是對的，也莫可奈何。投資委員會大力鼓勵群體思考、壓抑原創想法，讓凱因斯備感苦澀。威爾森不

樂於經營避險基金，嚴重到他乾脆關門，把所有資金都退還給投資人。

會阻礙專業經理人的不只是被開除的風險，或者是投資前要先通過委員會核可，共同基金與封閉式投資公司（或是英國的單位信託或投資信託）還必須遵守某些特定規範，這限制了他們研究投資組合的專注力。舉例來說，林區宣稱，如果沒有規定他投資單一公司的比重，不得超過麥哲倫基金投資組合的一〇％，他會減少投資部位的數目，但提高單一投資規模。他也表示，他替法人客戶操作的基金績效比較好，就是因為沒有這些限制。

當然，專業人士也有一些超越一般投資人的優勢，包括有分析師團隊聽候差遣，可以隨時接觸到企業高階主管，他們也有餘裕可以把時間花在思考投資上，不像散戶需要利用自己的閒暇時間來執行投資決策。一般投資人也很難直接投資未公開上市的公司，尤其是還在創業初期的企業。但**一般投資人的自由度比較高，可以不顧市場共識建立投資部位，也可以自行下大注，沒有人會緊緊盯著你**。這些因素有助於公平對決，但前提是你需要好好善用。

如果你是市場，你就無法打敗市場

從某些方面來說，掌控大規模的資金能為專業人士帶來益處。例如執行研究與行政工作等固定成本，可以由較大的資產基礎分攤，降低每一個別投資戶必須支付的手續費用，手握大筆資金也讓專業人士能在董事會影響公司的政策。但這也有些壞處，除非經理人希望把投資分散到眾多企業（但這有可能對報酬造成負面影響），不然的話，當經理人手上握有大規模的資產時，他們不會去投資未達一定規模的公司。

假設有一檔基金擁有一百億英鎊的資產，經理人最多想要投資四十家公司，這表示每一家的平均投資金額是二．五億英鎊。由於經理人不想買進超過一〇%以上的公司股權（因為這樣在買賣投資部位時股價很容易被影響），這表示，投資標的最小市值是二十五億英鎊，只略小於富時一百指數成分股中規模最小的公司。這會限制**經理人只能投資績優股**，這樣就很難去做能賺到大錢的逆勢投資。畢竟，**如果你是市場，你就無法打敗市場**。

因為資金規模太大，而無法成功的經理人**經典範例，就是巴菲特**。當他必須苦苦掙扎打敗市場時，也正是波克夏海瑟威的市值高達幾千億美元之時，這並非巧合。確實，他說過好幾次如果讓他再回去管幾百萬美元的資金，他可以用名不見經傳的小公司做出超值價值的投資，創造出就像他一九五〇、一九六〇年代經營巴菲特合夥人有限公司時的高報酬。當然，資金規模較小的投資人也能投資各式各樣的公司，包括微型新創企業。

跟其他投資人保持距離，讓你有新的投資眼光

有一件事可能會讓人感到驚訝，那就是大多數的超級投資人都把基金或投資辦公室，設在倫敦或紐約這兩處全球主要金融中心之外。以杜洛特和克萊納來說，他們的理由是希望更貼近自己投資的產業。同樣的，林區在波士頓工作，是因為這裡就是富達的辦公室地點。但為何巴菲特選擇落腳奧瑪哈、坦伯頓跑到巴哈馬、伍德福到了牛津以及索普進駐加州紐波特（Newport, California），則沒有明顯的理由。

有一部分的理由，想必是他們想在實體上與情緒上遠離華爾街（或金融城）共識。這樣的**距離讓投資人能以新眼光來看待事物，避免做出從眾的投資**。這番道理自然也適用於一般投資人。另一方面，二十四小時無休的財經台與金融網站興起，意味著你可以得到專業的資訊。但如果你一不小心，很容易就會陷入華爾街（或金融城）的群體思維。

因此，偶爾退開一步是很合理的想法。重點是，要確定你能接觸到其他的新觀點與資訊，而不是每天市場上流傳的耳語。

超級投資人，得獎的是……？

本書除了詳述二十位超級投資人的投資生涯，並看看可以從他們身上學到哪些心得之外，另一個目的就是要找出誰才是經得起時間考驗的最佳投資人。每一位顯然都很出色，但有四位脫穎而出：費雪、巴菲特、柏格和葛拉漢。費雪和巴菲特在本書的星級評等制（滿分二十分）中得到十七分，柏格和葛拉漢則為十八分。

費雪針對成長型投資撰寫的相關論述對投資貢獻良多，他管理資金與提供建議的投資生涯也很漫長。他認為要找到一小群具潛力、能快速成長的公司，然後長期持有這些股票，這樣的想法顯然打動了沒有太多時間尋找標的的一般投資人。然而，滿足此一標準的企業少之又少，他著重在高度投資研發的科技公司，這也不是最容易理解的產業。此外，我們無法取得他的報酬詳細資訊，但從他的選股當中，還是可以明顯看出高於平均水準。

巴菲特在過去六十年裡，至少有五十年都創造出極為亮眼的報酬（但最近的成績相對令人失望）。雖然有很多基金經理人提到他很有影響力，但很難明確指出他的投資風格是什麼：他在一九五〇、一九六〇年代從事的是深度價值型投資，後來改弦易轍，目前把波克夏海瑟威的資金投入績優股與私人公司。後面這項買進非上市公司股權（或買進上市公司後讓他們下市）的操作方式，顯然不是一般投資人可仿效的。

柏格的指數型基金雖然起頭很緩慢，但後來順利發展。自成立以來經過四十餘年，已經對整個投資界造成極大影響。確實，這很可能成為投資產業的未來。如果你沒時間研究投資，這對你來說可能是最佳的解決方案。然而，被動式投資的最大問題，是它放棄了超越平均值報酬的機會（但「聰明貝塔」基金（smart-beta funds）正在興起，其目標就是用更低的成本創造出主動型投資的益處）。如果你想要賣弄一下學問，你可以評論指數型投資，絕對會因為交易成本而落後市場。

我認為，歷久不衰的最佳投資人是葛拉漢。他沒有得到滿分，華爾街大崩盤有損他的績效，而他投資蓋可保險有助於提振報酬（卻違反他的規則）。價值型投資並不是買進指數型基金這麼簡單。而在他漫長且高潮迭起的投資生涯當中，他大幅超越市場，也發揮了重大作用，影響了從巴菲特到波頓等每一個人。買進股價低於資產淨值的股票，這個概念是簡單但強力的策略，也獲得許多證據支持。

致謝

感謝約翰・史戴普克（John Stepek）、克里斯・希頓（Cris Heaton）、班恩・賈吉（Ben Judge）、克里斯・卡特（Chris Carter）、莎拉・摩爾（Sarah Moore）以及《每週錢線》的其他同仁。感謝克里斯・帕克（Chris Parker）與賀瑞曼書屋（Harriman House）團隊。感謝克萊夫・莫法特。感謝尼爾・伍德佛、保羅・法洛（Paul Farrow）與伍德佛投資管理公司。感謝羅莫爾・麥菲與史考特・羅倫茲（Scott Lorenz）。班恩・強森和晨星。

國家圖書館出版品預行編目（CIP）資料

散戶的機會：個人也能打敗市場！看看世界級投資人怎麼賺到第一桶金，助你找到自己的獲利模式。／馬修·帕崔吉（Matthew Partridge）著；吳書榆譯
-- 臺北市；大是文化，2019.08
288面；17×23 公分. --（Biz；301）
譯自：Superinvestors: Lessons from the greatest investors in history
ISBN 978-957-9654-20-3（平裝）

1. 股票投資　2. 投資技術　3. 投資分析

563.53　　108009531

Biz 301
散戶的機會
個人也能打敗市場！看看世界級投資人怎麼賺到第一桶金，助你找到自己的獲利模式。

作　　者／馬修・帕崔吉（Matthew Partridge）
譯　　者／吳書榆
責任編輯／魏志祐
校對編輯／劉宗德
美術編輯／張皓婷
副總編輯／顏惠君
總 編 輯／吳依瑋
發 行 人／徐仲秋
會　　計／林妙燕
版權主任／林螢瑄
版權經理／郝麗珍
行銷企劃／徐千晴
業務助理／王德渝
業務專員／馬絮盈
業務經理／林裕安
總 經 理／陳絜吾

出 版 者／大是文化有限公司
臺北市 100 衡陽路 7 號 8 樓
編輯部電話：（02）2375-7911
購書相關資訊請洽：（02）2375-7911 分機122
24小時讀者服務傳真：（02）2375-6999
讀者服務E-mail：haom@ms28.hinet.net
郵政劃撥帳號 19983366　戶名／大是文化有限公司

法律顧問／永然聯合法律事務所
香港發行／里人文化事業有限公司 "Anyone Cultural Enterprise Ltd"
地址：香港新界荃灣橫龍街78號 正好工業大廈22樓A室
22/F Block A, Jing Ho Industrial Building, 78 Wang Lung Street,Tsuen Wan, N.T., H.K.
電話：（852）24192288　傳真：（852）24191887
E-mail：anyone@biznetvigator.com

封面設計／FE設計　內頁排版／思思
印　　刷／緯峰印刷股份有限公司

出版日期／2019 年 8 月初版
再版日期／2019 年 9 月 18 日初版 3 刷
ISBN　978-957-9654-20-3（平裝）

Printed in Taiwan
定價／新臺幣 340 元